一大事因緣

韓國頂峰無無禪師的不二慈悲與智慧開示
特別收錄禪師台灣行腳對談

頂峰無無禪師
天真法師・玄玄法師◎著

目次

第二部　智異山法師們的修行故事

推薦序：壹

深山裡尋找禪師

◎吳曉慧／無事三姐妹大姐．無事生活茶館

十年前剛從歐洲壯遊兩年回台的我，迫切的想重新認識中華文化和老莊、禪宗思想，開始和妹妹們一頭鑽進茶道、花道、古琴的領域。學習了幾年始終不了解何謂「禪」，於是又踏上了旅程，到日本、韓國各大寺院找「禪」去。

在韓國各大古剎（寺院）隨緣掛單參訪一個多月，終於在旅行的尾聲遇到當時在深山修行仍默默無名的頂峰無無禪師。

一進到大殿，我和妹妹東張西望的，從來沒看過這麼小的寺院，席地而坐，五個人就佔滿了整個空間。其實，嚴格說起來根本不像寺院，外面看起來就是一般的民房，只是裡頭有一尊小佛像。

禪師見到我們的第一句就問：「你們來韓國做什麼？」

禪師及法師們特地著僧袍與三姐妹合照。當時大姐曉慧曾好奇詢問為什麼要這麼正式，禪師回：「以後你就會知道。」
◎照片提供／無事三姐妹

「尋找禪師（開悟者）！」我也很直接的回覆。

禪師問：「見到禪師，你怎麼知道他是不是禪師？」

我說：「禪師一定不是高高在上的，在大寺院裡被大家膜拜，一定是像普通人一樣的，很不起眼，而且內心很謙卑。」

禪師問：「你要如何看到他的心？」

就這樣開啟了我們的對話。

三天二夜，除了午、晚課跟著作息，一天裡有二個時段我們可以請法問問題。我和妹妹很驚訝在這個最小的寺院，看到了持戒最嚴謹卻也是最快樂的法師們。那三天，禪師仔細的回答了我多年的疑問，豁然開朗，而有些當時聽不懂的，卻也在回台半年中，慢慢的發酵理解。

離開前，禪師笑著問我：「你覺得我是你要找的人嗎？」

我笑說：「我不確定，因為我沒有開悟，所以我現在也不知道您有沒有開悟，但我會觀察您三年，才知道您是不是開悟的人。」

從那次後，我每年都到韓國拜訪禪師請法，也終於有機會在他們結束了三年的無門關後，於二〇一四年底邀請他第一次到台灣弘法。

我跟禪師說：「上次幫一位外國法師辦畫展，十天的行程我們規劃了十一場活動，那您來台灣我們要辦幾個活動呢？」

禪師說：「我哪裡也不去，只待在掛單的地方。」

我說：「哪裡也不去？難得您來台灣一趟，怎麼可以白白浪費呢？我可是很多朋友都想見您呢！」

禪師說：「我不做公開的開示，在電視網路上隨時可以看到各種大師的開示，我只見真正想修行的人，或對修行有興趣但遇到瓶頸的人，個別給予他們指導。」

就這樣的十七天，我用破英文負責溝通翻譯，大妹負責茶水接待，小妹負責餐點，我們約了大約近百位各行各業的朋友們一一向禪師請法。

也因為擔任翻譯，讓我有機會整天和師父在一起作息，看到他如何觀機逗教，針對不同的請法眾有不同的教導，有時前一刻如慈父般慈祥，下一刻就像怒目金剛，棒喝聲幾乎快把屋頂給掀開了，真的是大開眼界。各式各樣的人，各種不同的問題，我看到了自己的愚癡，也看到了師父的悲心和耐心。從清晨做早課，到出坡打掃，看到另一面的禪師。也才知道他們白天都沒有休息午睡的，清晨二點半就開始作早課，把掛單的地方當成自己的寺院，一樣出坡打掃，山上沒水了，就爬到屋頂的水塔修理清潔，樣樣都自己來。吃香板不是只在禪堂，即使在出坡時，隨時只要有機會禪師就會出招，無形的香板常打得我滿頭包。

記得他們要進無門關前，我問禪師：「您閉關都在做什麼？」

禪師說：「跟現在一樣。」

我反問：「如果跟現在一樣，那您在這兒就好，為什麼要進去閉關？」

「因為如果沒有進去閉關，你會賴在我這裡不走。」禪師總是這麼幽默風趣的化解我的問題。

我不甘示弱又繼續追問：「您怎麼可以這麼自私，與其跑進去什麼事都沒做，還不如留在外面，讓我們這些有疑惑的世俗人請法。」

「一個持戒修行的人，就算他什麼都沒做，只是坐在那兒，也是在利益這個世界。」這句話，我一直到近年才逐漸理解。

很開心在認識禪師的第十年終於要出中文版的書了，而無名小卒如我，竟能在禪師的書裡寫序，真的是無上的榮幸啊！

寫著序的此刻，我彷彿看到十年前那個背著古琴，用著身上僅有五千元台幣，在韓國各大深山裡尋師的女孩，延續著各種不可思議的因緣際遇。

原來，這些都是早已寫好的腳本。

沒有巧合，其實，一切早已註定。

此刻正在閱讀的您，也是註定的因緣。

願我們都能在這已寫好的腳本裡，珍惜當下，找回自己的本來面目，過著幸福快樂的人生。

推薦序：貳

穩定的力量

◎吳思慧／四零四科技股份有限公司
全球營運暨人力資源總部總經理

有一段時間，我糾結在自己存在這個世界的價值究竟是什麼？很想知道自己是誰？所為何來？在探索的過程中，閱讀到無無禪師開示的文章。我對無無禪師的「無無」感到特別的好奇與親切，閱讀了他和不同人的對話，那種簡潔與直指核心，好多次讓我很震撼，有如當頭棒喝。

第一次和禪師的見面是二〇一六年冬天，和許多前來向禪師學習的人一同請益與聽法。我還記得當禪師一行人開門進來的時候，我感受到一股很穩定、很寬闊的流在空氣中蔓延，眼前的一切似乎變得模糊而沒有清楚的界限，彷彿時間也變慢了。當時，我注意到自己的心不知不覺的安定下來，我知道我進入一個很不可思議的能量場，一個似乎不需要用語言，就可以有互動與交流的能量場。

接下來是禪師開示與問答的時間，當中有不少的問與答，老實說當時我是無法用腦思考或記憶的，但我反而能清楚收到他所傳遞的智慧。那些話語帶給我的感受是寬廣與無限的，同時我也能感覺到師父所散發出來的慈悲，那是一種相當真實且在場域中流動的生命狀態。這種面對一個人的全面性學習，很難用邏輯的頭腦來清楚的表達。

我很感恩有這個機緣向無無禪師學習，雖然我不是佛教徒，但透過和師父的互動與用心體會他所教導的智慧，總能讓我感受到一股寧靜與回到家的感覺。

祝福這本書的出版，能把禪師的智慧，帶給更多人，也讓大家都能「回家」！

推薦序：參

空性的震撼

◎謝淑品／微邦科技股份有限公司總經理

第一次跟禪師的接觸，體會到空性原來有如此的震撼力！

二〇一四年十月的某一天的上午，坐著 Joyce 老師的車子，一同前往新店的山上，好奇的跟著老師去拜見師父。在車子剛在門口停下來時，馬上感受到一股能量覆蓋著那房子；跟以往不同的是，這能量不會讓人感到害怕，而是乾淨、強勁的。第一次，我被如此乾淨的能量震撼到，這能量也太大了吧！同時也引發了我的好奇心。

進屋後，坐在師父的左前方，這時我也偷偷地對師父進行一次近距離探索——「咦？怎麼是空的？」我再次被震撼到。一個人怎麼會是空的？我的第一個反應是我的覺察力失靈了！我開始測試我的覺察力，轉而探索旁邊二位年輕師父，我的覺察力沒壞呀，一個是全然的慈悲，一個是開心的天真。

再試一次，往師父方向探索，還是空的，這空是穿透的，存在但不染著，忽然腦袋想起 Joyce 老師常念在嘴邊的空性，我忽然理解了。

接下來的時間，因為很多人來見師父，提出了不同的問題，師父一一解答，不論師父用哪種方式解答，有顯莊嚴相的、有和眉善目的、也有諄諄解說的，但厲害的是不動的內在。整個談話過程中，我未曾感受到師父的改變，全然的誠意，但不會跟自己有任何的連動，是完全「不動」與慈悲的，太震撼了，師父竟然能做到。這時讓我對佛法有較深刻的感受，也讓我產生更多的好奇。

第二次接觸，感受到禪師無我的清明。

去年到韓國拜訪師父，師父住的地方不是大寺廟，沒有一堆的志工信眾幫忙，只是簡單的房子，師父凡事親力親為。我們待了一週，師父對我們貼心的照護，感覺變成他供養我們，這又跟我的經驗不一樣了。師父的行為完全以我們為主，但是早、午、晚課及提問時間是不可以不做的。早課後健康檢查，量血壓、血糖，其他時間怕我們覺得悶，會安排我們出門逛茶博覽會、泡溫泉（當然是我們自己泡，師父他們在外面等）、拜訪古寺、野餐……，然後還準備了禮物給我們，最後我們要回家了，更為我們出了車資，這根本就是來讓師父招待的，完全的無我利他。師父的行為也解了我的一個疑問。我最常想的一個疑問就是「因果」，如何能不造因？師父的無我讓我看見清明，「不動的自己」加上「完全的利他」，因果自然不產生，又是一個很棒的體驗式學習！

兩次的接觸，讓我知道人還是可以修練到如同師父的境界的，原來空性還是可以慈悲，空性才可以真正的不造因果。我期待師父的法，能夠讓更多人受益。我的親身體驗，也讓我不再鐵齒，願意探索更多的可能性！

感謝

走向開悟的道路

◎梅家仁

這本書的能夠出版首先要感謝韓國的頂峰無無禪師，如果不是禪師要來台灣弘法，我們不會想到要將這本書集結出版。其次要感謝天真法師與玄玄法師，沒有這兩位法師合寫的韓文暢銷書《智異山法師們的執意修行故事》（二〇〇九年出版），我們也沒有足夠的資料可以出版。最後要感謝天真法師將韓文翻譯成英文，而吳曉慧、林其豪、梅家仁再將英文翻譯成中文。

本書內容分為四大部份。第一部，談的是頂峰無無禪師從開悟到出家修行的故事；第二部，談的是禪師的兩位弟子：天真法師與玄玄法師，在智異山跟隨禪師修行的故事；第三部是禪師台灣弟子們「如是我聞」的心得筆記；第四部則是禪師到台灣行腳時，對會眾開示的內容摘要。

禪師於二〇一四年、二〇一六年及二〇一七年三度來到台灣，每年成行都是在禪師韓國閉關修行的期間，禪師一向慈悲，為了台灣弟子們的慧命成長，將他寶貴閉關修行的時間，留給我們。

在韓國，禪師一年只開示五天，那是從五月到九月，每月一天。二〇一六年的台灣行中，禪師也開示了五天，但是台灣的朋友不用舟車勞頓，只要每天到「無事生活茶館」報到即可。細細的體會，我們會發現自己是幸運的。透過這本書，大師不用外求，每天在家裡就可以接觸到正信的佛法。

這本書的出版因緣殊勝，如果不是曉慧在韓國短期出家一個月，天真法師不會決定將韓文版的書翻譯成中文，如果不是家仁與其豪對佛法的了解讓師父們「放心」，師父也不會同意出版，還要感謝幫忙做禪師開示記錄的慧芝、培菁、曉柔及文安師姐帶領的一群花蓮的打字志工們，沒有她們完整的記錄稿，文章會花更多的時間才能完成，也無法如期出版。

最後要感謝橡樹林出版社的嘉芳及城邦出版社的佩宜，沒有佩宜的推薦我無法跟嘉芳連繫，沒有嘉芳的慧眼，禪師的這本書也無法出版。

期待這本書能帶給讀者身心的震撼與洗滌，也期待大家一起走向開悟的道路，完成這「一大事因緣」！

作者序

出版此書的因緣

◎無無禪師

我的故事不是小說，是真實的我的經驗，當我接觸到了真理與佛陀的教誨之後，所有的問題都不見了。我是一個不喜歡說大話的人，所以我希望散播的訊息，就是我們可以過一個很簡單又快樂的生活。

我們的書不完美，但我們的動機很單純，就是要利益眾生。韓國的讀者為什麼喜歡我的書，是因為透過這本書，他們會充滿了希望，覺得永恆的快樂跟自由是可以得到的。一開始我們只是在網站上寫一些文章，但是後來發現有些學佛的老人家不習慣用網路，他們沒有辦法看網路文章，所以只好出版這本書。

我們不是寫書的專家，我們三位每一個人都不是寫作的專家，但很多佛教徒都很愛這本書，因為它跟真理是相通的，每個人其實都想追求真理，如

◎照片提供／鄭鈞鴻

果你真的能教對真理，大家都懂的。給出真理並不難，只要我們把心打開，真實的打開，就很容易分享真理。

我會到台灣只是想傳達「走向真理是簡單又容易的」，每個人都可以一起走到，並不是特別的人才能走上這條路。那些有單純心的人，可以先走到，那顆想要利益眾生的心，就會讓你開悟！

請皈依三寶、發菩提心、還要吃素，這樣大家都會心想事成！

我得到快樂自由，我希望分享出去。這是一個很簡單的方法，這條路應該是大家要走的，不是只有健康的人可以走，也不是失能的人就不能走的；它不是只有聰明的人可以走，窮人也可以很簡單的走。所以我真的很想要介紹這個很棒的方法，讓我們可以了脫生死。有些老師把佛法教得非常困難，我覺得很悲傷！佛法一點都不困難，只要你準備好，現在、當下，就可以開悟！只要準備好踏第一步，開悟的第一步，第一步很重要。

我可以告訴你們，開悟是很簡單的，我只是一個平凡的人，一個窮司機，竟然可以開悟。知道一大堆事情，並不能幫助你開悟，只有真實的心可以幫助開悟。在這本書裡我講了我的故事，想要用我的故事來利益他人，讓人生活得更有希望。

我們必須要活在這個世界上，我們很辛苦的活著。那些受苦的人其實是先受益的人，我們必須要走真理之路，我只是往內觀，結果我就得到自由了。如果我可以做到，你們都比我偉大，你們一定可以做到！

二〇一七年十一月廿二日

1
—
2

1　入秋的智異山谷，以及無無禪師的溫暖笑容。　◎照片提供／天真法師

2　天真法師、無無禪師及玄玄法師的趣味自拍。

1 匿於天地之間的幽徑，通往弘誓院的入口。前進，就對了！

2 歡迎來到弘誓院，走向修行！

◎照片提供／天真法師、無事三姐妹

1 – 2

3
– 5
4

1 秋收冬藏，也是愛物惜物；日曬蔬果成乾，易於保存且不浪費。

2 越冬泡菜製作中。在韓國，這也是人生一大事呢！

3 整理菜園中，修行人也有農家樂！。

4 行住坐臥都是修行，都是感恩。

5 屋宅一景。石階用來行走，有時也用來曬果。

◎照片提供／天真法師、無事三姐妹

1
—
2

3 5
4 6

1 修法，修心。
2 虔誠禮敬。
3 開示解惑。
4 心安，平安。
5 開卷，無我。
6 清淨，不染著。

◎照片提供／天真法師、鄭鈞鴻、無事三姐妹

1 – 2

3 5
— —
4 6

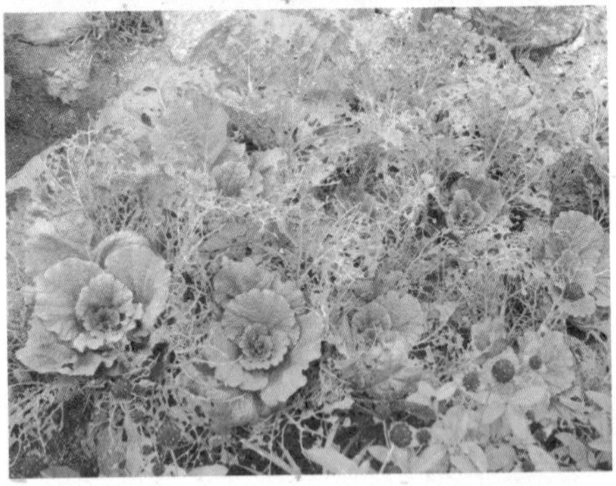

3 廢物利用搭建而成的石牆，為茅篷遮擋寒風。

4 饒富禪意的石繪畫。是天真法師描繪在無門關期間的無無禪師。

5 在茅篷前，玄玄法師與天真法師自在的笑著。

6 自給自足的菜園一隅。

◎照片提供／天真法師、無事三姐妹

第一部

智異山頂峰無無禪師修行故事

當一個真正的修行者出家

當看到師父在初當行者（註1）學習期間所寫下的筆記時，我真的是印象深刻：「哇！他竟然是以這樣的心出家的……。」我從他的筆記中多少也了解到當他出家時，他的內心是多麼地虔誠。

師父從國中畢業就馬上進入職場，經歷了所有窮困和弱勢族群的困難，那是一段辛苦的時光。三十一歲時，他開公車養家餬口，每天的工作任務之一，就是在半夜將最後一班公車開回車庫，然後從終點站走快半小時的路回家。

有一個晚上，如同往常，他把公車開到車庫停好後走出來，突然有個想法像洪水般的湧上心頭——現在，我真的結束我在這個世界要做的一切事了……。接著，他感到痛徹心扉，不斷流下懺悔和悔恨的淚水，從公車總站走到家裡的路上，不停的流淚。

那晚，他所有的眷戀、執著都完全消失了。回到家、洗澡後，在他的小房間結跏趺坐，他放下所有的一切，然後虔誠的向所有他知道的聖賢們祈禱，呼喚祂們的名字：「佛陀啊！神！觀世音菩薩！對這世俗的世界我已不再有什麼想做的了，我將自己的一切托付給您！」

然後師父開始靜靜的觀察呼吸，在觀察呼吸時，突然，隨著呼吸，他進入了完全寂滅的根源，在完全的專注下，他的呼吸似乎自然的停止，在那一刻，他超越了呼吸與生死。

師父為了維持家計，根本沒有任何的空閒去讀書裡的任何一句話，或是打坐幾分鐘……。放下一切、對世俗沒有任何一絲眷戀的他，將自己全然交給偉大的聖賢……，而奇蹟就這樣發生在他身上，他的整個世界完全翻轉了！

從那天後，師父為了要驗證發生在他身上的經驗，特別到書店找了各種宗教類的書來讀，當他發現了他的經驗竟然跟佛陀的教導完全相應後，他馬上進入佛門。

師父在那一段悟道的經驗後，帶著利益一切眾生的願力出家了。當時他認為所有寺院的出家人，應該都與他有過相同的經驗才會出家。比起現在，那個年代的寺院有更多艱辛粗重的工作，不但沒有水跟電，且寺院通常都很大，有六、七個佛堂。他做過所有的工作諸如：打掃大殿、汲水、挑水、砍柴、生火，但他一點也不覺得困難，甚至一點也不計較，只想以行者的身份一輩子虔誠的做事，完全沒有想到自己。然而他在寺院的經歷卻跟他的期待有落差，也因此傷了他的心。

後來，師父聽到當時以歡喜心送他出家的俗家妻子病危，他或許曾經猶豫過，但還是決定返回俗家照顧妻子，同時也自我承諾，未來有一天他會回到寺院。醫生說妻子應該無法活下來，但他還是盡全力的照顧。為了即將離開人世的髮妻，他把寺院的生活暫時放在一旁，因為太太曾經如此的成全他出家的心願，他想把這輩子結為家人的緣分，回向他們往成佛之道。

當時，玄玄法師（註2）還是個小學生，每次放學回家總是看到媽媽沒有動靜地躺在床上，害怕媽媽會死，她經常去聽媽媽還有沒有呼吸，每次總是拿著一張衛生紙，放在媽媽的鼻子下測試，如果衛生紙有動一點，她就會默默的擦乾眼淚，鬆了一口氣。

當時師父看到因為自己的出家而帶給家人困難，他覺得「如果連最親近的家人都無法救濟，我如何去救渡其他人呢？」於是，本著願力，用長遠的眼光，他決定返回世俗生活修行，同時負擔家人的生活，一直到最小的女兒高中畢業。雖然他生活在世俗裡，但他的生活跟寺院沒有什麼不同。

當他的俗家太太身體好些時，師父找了一份工作養家。他從清晨到中午待在寺院過行者生活，然後中午到半夜就開市內公車為生。有一天，一位年輕的法師跟師父說想要整天都跟著他修行，這位法師跟著師父做一模一樣的事，一樣在清晨很早起床，跟師父一樣做早課，中午到半夜，他就坐在師父旁邊跟著他一起開公車，然而這位法師沒幾天就放棄了。可以想像，當時師父辛苦認真的生活，不是一般人可以忍受的。

師父雖然勤奮的工作養家，但沒有荒廢他的修行。當車子塞在車陣中、或是等紅燈時，他就在車上讀經典或持咒，他完全的以覺察的心來開車，將之當成修行，所以即使是一點點小意外也從來沒有發生過。同時他也很有決心，不吃肉和五辛，在餐館也只吃蔬食，並且用開水把有蔥蒜的泡菜洗過才吃。師父因為營養不良而頭髮都變成暗棕色，然而他對佛陀教導的信心卻與日俱增。一開始，他的同事都覺得他很奇怪，但後來他們都很信任他，還稱他為「姜導師」，而廚師也會特別替他準備素食餐。

有一天，他聽說有個開悟的大師住在海雲精舍，剛好就在他當行者的寺院附近，於是決定要去拜訪大師。大師見到他問了幾個問題後，就馬上邀請師父帶著家人一起到這個精舍生活，並以在家居士的身份在寺院裡修行。從那時開始，他又蓄起頭髮，隱藏他已經得到印可的事，在這位大師的座下學習了三年，和做些寺院工作。很不尋常的，這位大師不允許他到禪堂打坐，每次只要師父要進禪堂打坐，大師就會把他叫住說：「你看過有誰是打坐而成佛的嗎？打坐是不能成佛的。」

因此，在海雲精舍的三年裡，師父把修行融入生活的行、住、坐、臥之中，隨時隨地用心，而且承擔寺裡所有粗重的工作。而這期間，寺裡剛好邀請了三十三位大師辦了一場「無遮法會」（註3）。對他來說，這是個很難得的機會，不僅可以遇到當代有名的大師，還能分辨他們的修行程度。

在海雲精舍待了三年後，為了眾生，師父前往韓國著名的太白山上學習慈悲方便法門。他自己蓋了一間小到連腳都無法伸直、看起來像狗窩的亭子，並在裡頭修行。從半夜到凌晨四點，他總是在戶外繞塔並打坐，不管山上零下十幾度的天氣，他真摯的心從來沒有改變過，有時全身凍傷，有時因為長期的凍傷，導致血液循環出問題而在上廁所時流出了一大碗的血……。即使這麼多的困境，師父也不曾因擔心身體健康而有所動搖，仍充滿了堅定的信仰。

這六年在海雲精舍和太白山的修行，對師父來說非常寶貴，讓他對般若智慧和慈悲方便的運用更加純熟。之後，他遍訪韓國最有名的大師，並檢視他自己的悟道。有一天，他來到智異山花開谷，袋子裡只帶了些穀粉和幾本

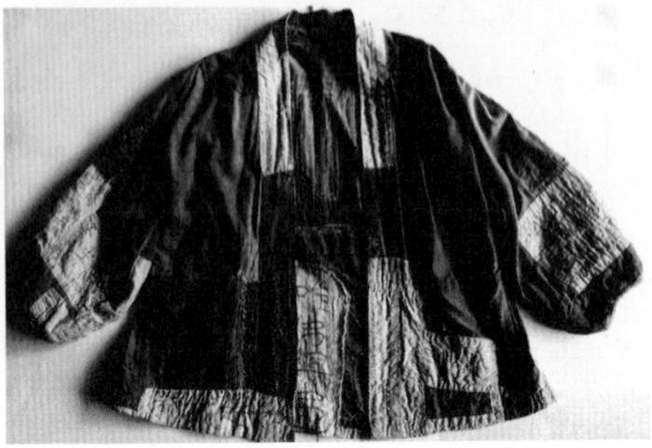

無無禪師在洞穴閉關時穿的衣服。因為衣服太破舊了，所以禪師有時會加以縫補，並且在縫補的地方寫上一些有關佛陀的教導。
◎照片提供／天真法師

經書，在沒有任何干擾的情況下，展開在麥田村的洞穴閉關，為期三年。

師父待在一個小的石頭洞穴，稱之為洞穴也只是方便稱呼而已，事實上那只是在幾塊大石頭間的小空間。洞穴中不僅會吹進凜冽的風，下雨時雨水也會從石頭縫滴下來，而且還有很多蟲類出沒，像山蚊、蜈蚣等。他一天只吃幾匙的穀粉，然而他卻說這三年的洞穴生活是他最開心的時光。有時他會和我們聊當時的事，師父說：「那段期間，我的臼齒一顆顆的掉落，我想可能是因為沒有咀嚼到任何食物的關係……。」到現在，每當寺院的法師們朝麥田村山上的洞穴看望時，大家都還是會深深地感動。

當師父結束在洞穴的三年修行後，到南海的一處寺院祈禱了一百天。在那裡，師父遇見了也去參訪的活眼禪師，活眼禪師推薦他加入韓國佛教的曹溪宗。事實上加入一個宗派或宗門，或是累積戒臘，對師父來說都是沒有意義的。然而他還是選擇了加入曹溪宗，因為他想將他的修行回向給那些發心學習佛陀教導的出家眾。因此他到很晚才受十戒，是在雙溪寺僧伽大學畢業後才受比丘戒，當時師父已經快五十歲了。

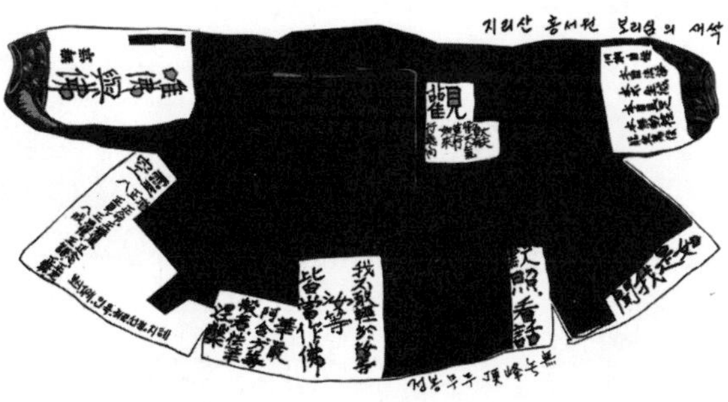

韓國某位藝術家將無無禪師在洞穴閉關三年所著的外套（如前頁所示）依樣製成版畫。其上清楚可見禪師當時所寫下的文字內容。
◎照片提供／天真法師

有一天當他在茅篷修行時，玄玄法師跟我去花開谷投靠他。我們對他感到很抱歉，因為當時他一個人修行的空間已經夠小了，還要接受誠懇要求希望能在他座下修行依靠的我們。他本來建議我們去讀佛學院或到禪修中心受比丘尼戒，但無論如何我們意志堅定，就是一心一意只想跟他修行，最後他也只好接受了。

有一天師父給我們一個新想法，他建議我們全部一起去讀東國大學。上大學的好處是可以在春、秋二季時學佛學，然後在寒暑假期間在我們的茅篷修行。我們仔細想了一下，最後決定上學去。玄玄法師跟我已有大學學歷，所以我們只要有針對出家人的特別允許就可以進入大學，但師父就必需通過高中和大學能力檢定二個考試，才可以申請大學，因為他只有中學畢業。當時是五月，而高中學校檢定考試是在八月。

一開始我很擔心，他有可能在三個月後就去考試嗎？因為師父從中學畢業到現在已經三十年了。然而本著對佛菩薩的願力，我很有信心他一定可以達成。所以我開始教他中學的資格考試，他固定在早餐後學習四小時，午餐後另外四小時，沒有一日間斷。那是斯巴達式的教育，一開始當我在筆記本上列出三個月的學習計畫時，他還跟我開玩笑說：「我已經很堅定不移了，你還更勝於我呢！」他每天坐八小時沒有活動，忍受最困難的學習到這種程度，連腿都僵硬了！

終於，師父順利地完成中學測驗，結束後為了大學能力考試，他又接受了再一次為期三個月的高中課程集訓，也安全過關。順帶一提，不知道為什麼，我教他的東西如果只是寫下來而不是我先背好的，他就背不起來，只有我先背過的再教他，他才背得起來，雖然我一點也不想背，這是很奇妙的事。結果我反而因此再準備了三次的學校入學考試，雖然我一直很痛恨它。不過這次我由衷地感到開心，因為能幫到師父，也讓我一直覺得沒有意義的學校功課發揮了其最大價值。雖然大家開玩笑的說我是「江南第八學區出來的私人家教」，然而，這更是我的榮幸。

除此之外，跟師父一起學習的校園生活對我來說是個很好的機會，比我想像的還學到更多。他總是坐在第一排，眼睛炯炯有神的認真學習，當老師下課時他總是立刻主動擦黑板。還有，無論晴天或雨天，每天早上他會在校園撿拾垃圾，走遍整個校區，讓校園顯得莊嚴。玄玄法師跟我也從來沒有缺課過，每一科我們都盡全力，也跟師父一樣整理垃圾，學校生活真的是山上虔誠修行的延伸。

二〇〇六年，我們停下在東國大學的學習（在那兒我們收穫和經驗到許多），返回智異山的日常生活，而師父只在茅篷專注修行和教導虔誠修行的人。

其實，每當有人問我們寺院在哪或寺院名字時，我們總是很猶豫，某種程度來說，我們修行的地方只是個很小而且不知名的的茅篷，談不上是什麼寺院。我們的茅篷是用師父從大寺院的倉庫買來的舊木料和門板，以及東撿西湊的回收木頭和窗戶所搭建而成的，但對我們來說已經是很珍貴的空間，夠我們生活一輩子了。有時一些在家居士來訪，師父只講佛法，並引領他們走向真理，對於蓋新寺院卻一點興趣也沒有。後來當拜訪他的人日益增加時，我和玄玄法師的俗家家人就懇求他讓我們建造一個新的地方，於是新的佛堂就這樣產生了，因此來客就可以有個較舒適的修行環境。回想過去沒有佛堂時，來客總是要擠在一起，誦經時又要忍受蚊蟲叮咬，還有些人因為不習慣傳統的茅坑無法上廁所，因此蓋個新的小佛堂，對來客是一件好事。

現在師父正在準備三年的閉關，他很深刻的了解為什麼當初慧庵禪師要求師父不要成為韓國所謂的「大師」，也了解為何他後悔成為一個「大師」的原因。因此三年閉關後，師父將要渡化那些平凡大眾，和他們分享歡喜與悲傷，就像他早期與窮困或弱勢族群一起過生活一樣。

師父！您自從遇見佛法後，就一刻也沒離開過菩提心。我雙手合十，虔誠的祈禱，願您長住人間，以甘露法救渡無量的眾生，協助他們超越生死。

（註1） 行者是指在寺院出家前的實習身份。
（註2） 玄玄法師是無無禪師的女兒。
（註3） 無遮法會，「無遮」是指無有遮障的意思，也就是不分貴賤、宗教、男女、老少，人人平等。在此法會裡，每個人可以表達或辯論他／她對真理的見解。

回向的人生

玄玄法師的茅篷。茅篷的牆太薄了，所以無無禪師廢物利用再造了一道牆來抵擋寒冷的冬天。
◎照片提供／天真法師

在山麓的秋天感覺很短暫，所以在秋天來臨之前，我們就開始準備過冬，為茅篷做了一扇擋風窗戶，還用磚頭做了一面牆。

這面牆就蓋在玄玄法師的茅篷前面。師父用了各類的回收物品來造牆，他很用心的把磚頭和其他材料擺置好，最後成了一個很棒的藝術創作。站在牆前面觀看，我在想，這面牆就好像是師父的整個人生。

師父出生在韓國咸陽，當還是小孩時，他常在看著天空、觀想宇宙的盡頭或思維死亡時，就進入到禪定三昧。在孩童時期他有個想法，就是他只能在結束世俗的事情以後，才能學習真正想要的，於是在中學畢業後就開始實踐這個計畫，沒有繼續上高中，而是直接工作。

第一個工作地點就是在他家附近的理髮店。因為師父的爸爸是個成功的醫生，所以村裡的人無法理解為什麼他會在理髮店裡工作，然而他爸爸一句話也沒說，就同意他的決定，而且他還常去店裡探望兒子，並且讓他理髮。當時師父年紀很輕，但他很認真的學習了如何磨刀、刮鬍子和理髮。他在理髮店學到了所有的技藝後就離開了。然後為了找其他不同的工作而開啟了一段漫長的旅程。

他離開家鄉前往群山市的榮洞，在一家裁縫店工作。師父很勤勞，總是比其他學徒早起，他會先打開店門，清掃店門口的街道，獨自整理衣服。當他打掃完店舖要喘口氣時，其他的店家才開始要準備開店。每當大清早他靜悄悄的經過老闆房間，要打開百葉窗時，老闆常阻止他，並說：「孩子，現在天還是黑的，你可以睡晚一點，待會再來。」

早期，從理髮店、美容院到裁縫店，他嘗試過許多不同種類的工作。然而，特別值得一提的是他從沒有在一個地方待上太久，一旦學完了全部的技藝後，他就一點也不惋惜的馬上離職，換下一個新工作。

因此師父經歷了各式各樣的工作，包括理髮店、裁縫店、鞋子工廠、袋子工廠、雨衣工廠、玫瑰花園，還有保險公司，還開過計程車、公車和卡車。後來他去幾個佛教寺院當行者，超過十年的時間，做過了大大小小的寺院工作，像煮菜、砍柴、蓋房子、耕種、寺院管理等等。

自從跟師父在智異山生活後，不止一兩次我對於他的種種能力感到驚訝，還曾被他高超的縫紉技術給嚇到。還有，他的廚藝也沒話說。

他也會刷油漆、木工、水電，甚至插花，沒什麼不會的。然而，他之所以對很多事都很有天份，原因就是曾有過一段辛苦的人生。當我知道了這一切後，我對於自己從小就在舒適的環境中受父母養育長大、沒有遇過任何的挫折而感到羞愧。

年輕服兵役時，曾有位學長握著他的手，哭著問他：「你的手如此的粗糙，長滿了繭，你年紀輕輕的到底受過了多少苦？」

當走過了人生的試煉和苦難後，他也就了解人的心靈了。我覺得更了不起的是，他還能針對不同人的心田種下適合的佛法因緣。他常常跟我們分享生命故事，他說：「我幫別人理髮、做衣服、載他們，我所做的事情就是在利益眾生。」

如果回向是把一個人所積累的善根功德轉回給眾生，讓他們達到開悟的境界，那我想師父的回向是更大更珍貴的，因為他自己親身經歷了這一切。

我真心的希望自己可以效仿他的人生（或至少其中的一小部份），白天工作，晚上修行，只睡幾小時，而這一切都只為了利益他人。

關於洞穴的故事

這是在一九九四年早秋時發生的事，當時師父來到我們村子上面的一個洞穴。

師父經過三年在太白山的修行，他修掉所有的習氣，袋子裡只裝著《法華經》與《楞嚴經》，他來到智異山花開村，在這裡師父誰也不認識，從公車下來後，他問路人：「這裡有沒有我可以修行的洞穴？」這時村民遙指著村子後方的山上，似乎有個方向有洞穴。天漸漸黑了，師父爬上山，毫無遲疑的一下子就直接找到了這洞穴，從那天晚上開始了三年的閉關修行。

◎照片提供／天真法師

當我跟師父一起拜訪這洞穴時，我心想幾乎是不可能找得到這裡的，因為根本沒有路，而且其實無法稱之為洞穴，因為這個地方只是兩塊大石頭中間的一個小縫隙。這小地方下雨天會漏水，夏天充滿了蚊蟲，而冬天更是寒風刺骨……，大部份的人連一晚都待不住，而師父卻住了三年。

雖然在第一年，他每天只吃三湯匙的五穀粉，但是師父說他在這洞穴裡非常快樂，因為他可以完全自主的用佛陀的教導修行。

有一天我問師父，為什麼他會來到這洞穴？師父說那是因為已經沒有任何善知識可以教導他了。

出家後，他到處尋找善知識，找了很久，其中一位善知識是海雲精舍的真際禪師，師父侍奉真際禪師三年，他學到很多禪學，但是如何當機教導弟子的慈悲方便法門，他覺得還有欠缺。

三年的海雲精舍後，師父到太白山法華道場修行，這地方是因為太白山道人而聞名。雖然師父每天晚上十二點到早上四點都與大眾一起繞塔而行，但是他的心仍然不滿足，因為太白山的善知識雖然有神通與方便力，但是沒有正見，也沒有持戒。

師父嘗試了許多不同道場的善知識，最後終於決定他只要遵從佛陀的教誨與自性，真誠的在洞穴中修行。在圓滿三年閉關的最後一天，師父再次發願——「我只作佛事來報佛恩，生生世世饒益眾生」，就像他當初開悟時發的願一樣。

由於師父希望莊嚴花開谷，所以他準備了小的濾網，在新年的清晨，從花開谷的第一村走到最後一村，只要有燈亮的屋子，師父就送給他們濾網，祝福他們拿掉三毒心的石頭與培養慈悲心（註1）！第二件事，他買了《楞嚴經》送給所有有因緣的人，祝福每位修行者都能夠持戒與遵守佛陀的教誨修行。第三件事，師父做了一個大的八角蓮燈，這完全是師父自己用紙與鐵線糊出來的，在蓮燈上他寫了所有村民的名字，在路上掛著這點亮的蓮燈（註2），祈禱每位看到此盞燈光的人，都能夠學習佛陀的正法而開悟。

因為師父的願力與莊嚴，我們仍然可以在正法中修行，每位來到我們寺的訪客都可以有菩提心的種子。當我們抬頭看山上的洞穴時，我們也祈禱每個道場都能成為般若智慧與慈悲方便的道場，每位修行者也都能修成圓滿的佛道！

（註1）韓國人洗米時，會用濾網來過濾米中的小石頭。禪師認為米是純潔與美善的，送濾網表示濾掉小石頭般的三毒心，留下純潔美善、如白米般的慈悲心或菩提心。

（註2）在韓國佛誕日時，信徒會做蓮燈，並在蓮燈上寫自己的名字以祈福。

阿耨多羅三藐三菩提

這是師父在三十出頭的年紀接觸佛法時的一段故事。

有一天他什麼也沒吃的在智異山走了一週，透過行禪，他細細地檢視自己的證悟，完全覺醒的觀察發生在心理和身體的一切，吸氣、呼氣，腳步的舉起與放下，手指的每個動作，一個也不放過的，他在寂靜中緩慢前進的走了一星期。

那條山路通常是一天可以走完，但師父走了一星期，可以想見當時他是如何的自覺觀察。白天在雨中步行，晚上在樹下靜坐，像這樣的他完全自覺覺醒的修行了一週。他就是用這些不一樣的方法來檢視自己的證悟。

結束一週的修行後，他問別人：「誰是韓國最偉大的大師？」聽說這位大師在海印寺白蓮庵裡，於是他動身前往。但當他抵達時，在門口看到一個「務必禁語」的牌子釘在松樹上，看到那個牌子，他改變主意，不去拜見大師了，而是在松樹下打坐一整個晚上，到天明時才走到海印寺的大殿。幸運的是，當時正好是結夏安居的最後一天，大殿上有很多人聚集聽聞法師說法，當他正要踏進大殿時，突然覺察到自己已經有一個星期沒有漱洗刮鬍了，於是趕快到附近的小巷子清洗一番，然後再進入大殿。

當時，慧庵禪師正在說法。師父對禪師的說法感到非常高興，想要和他單獨見面。他問別人「這是哪一位大師？」人家告訴他，這是願堂庵的慧庵禪師。於是師父前往願堂庵，在那兒等待。當慧庵禪師回來時，看到師父坐在門口，師父對慧庵禪師行了最恭敬的禮，接著說：

「我的心是清淨的，完全沒有一點塵勞；然而為了他人，我清洗我的身體以及更衣來到這裡。」

慧庵禪師露出大大的笑容說：「這是大乘的心」，然後他細心地寫了一些東西，放入一個信封，遞給師父，禪師說：「請好好地參究它！」

在回程的公車上，師父打開信封，上面寫著：「父母未生前，什麼是我的本來面目？」看到這裡，師父唇邊露出笑意。回去後，他馬上寫下答案，立刻將之寄出去，但之後他隨即想到，這樣做對禪師不夠尊敬，於是下班後立刻又趕回寺廟。

當時他是公車司機，在晚上下班時，最後一班車只通往馬山市，而不是往海印寺，然而他還是坐上公車，接著在馬山市換車往高靈郡。抵達高靈郡時，天色已經完全漆黑，沒有任何車班了，他開始走路。在途中一個檢查哨遇見警察，師父告訴警察要到海印寺，他們就攔了一部車請司機順載一程，司機把他送到海印寺附近的一個小鎮，師父開始在黑暗中步行，到達寺院山門已經是凌晨兩點左右，他用最虔誠的心在地上跪拜，發了這樣的願——

諸佛菩薩啊，我見到父母未生前的本來面目，我個人虛假的生活已經在這時候結束了。從現在開始，每生每世，我只做回報佛陀恩德，以及救渡眾生脫離生死苦海的事情，諸佛菩薩啊，請證明我的願力是真誠的！

就在那時，前面一棵大樹突然開始放出亮光，當他走向大樹給予擁抱時，樹上一片枯掉的樹皮掉了下來，師父把樹皮放進布包，然後向願堂庵走去。那是接近黎明的時刻，慧庵禪師已經在庵前的橋頭等待。師父向禪師說：「我讀完您所寫的以後，已經寄了一封信給您，但我覺得那樣對禪師不夠恭敬，所以親自來一趟，向您報告。」在他向禪師報告完他的證悟後，禪師說：「我給你印可，你將永不退轉。不過，這件事請你隱藏一段很長的時間。」

然後，慧庵禪師與師父一起在道場附近散步很久，互相交談，一直到過了早齋時間。大寮看到禪師很不尋常的情況，所以還特別幫他們兩人準備了早齋，禪師邀請師父同桌一起用餐，師父說：「謝謝，不用了，我已經飽足！」禪師就微笑的讓師父離開了。那是一九八六年的初秋。

永嘉禪師在獲得六祖惠能的印可後，雖然六祖希望他多留一些時間，但他只待了一個晚上，所以人們稱他為「一宿覺」。但，師父離開慧庵禪師時，不要說一個晚上，連一餐也沒有吃。他為什麼這樣做呢？我想他應該是對韓國的佛教有一些較長遠的看法。

回到家以後，他突然想到袋子裡還有一片樹皮，於是叫太太過來，要給她看樹皮。令人驚訝的是，那片樹皮還在發光，但等她太太看到以後，光亮就消失了，好像是一直在等待她的樣子。太太感到神奇，也覺得害怕，在敬畏中，她決定讓先生走自己的路，於是很快的辦了離婚。終於，他可以昇華對菩薩的願力而出家。

◎照片提供／天真法師

現在，二十年後，師父有時候會以此方便法門，向有因緣的人講述這一段故事，然而，有些人較難接受，像師父這樣平凡的人，既不是出家眾，也沒有受過什麼高等教育，只不過是個窮困的公車司機，竟然能夠了解沒有生死的偉大真理。這些人不了解的是，開悟是每個人都可能證得的，因為開悟是普遍與平等的。

在談到證悟以及獲得印可這一段故事時，師父總會說起這一段話——

這真是很不尋常！奇蹟發生在我身上，而我是一個沒有知識、沒有受教育，以及一無所有的人。如果這件事情發生在一個受過較好教育的人身上，那就更好了！從證悟那天以後，我所有的疑惑都消失了，我當時就領悟到，我將不會再度受生，我不會像眾生一樣死亡，我已經從生死獲得解脫了！

師父就像古代的居士大德，例如：寒山與拾得、元曉大師與大安大師，普化與岩頭，龐居士與浮雪居士、慧月禪師與水月禪師（註）。他就在人們可以輕易接近的地方，和大家分享歡喜與哀傷，在每一個人的心田種下成佛的因。

（註）元曉大師、大安大師、浮雪居士、慧月禪師與水月禪師為韓國歷代的開悟者，其共同點為街頭行腳，隨緣教化渡眾。

第二部

智異山法師們的修行故事

通往快樂的秘密鑰匙

有時師父會問來修行的居士這個問題：「可以告訴我你生命中最快樂的時光是什麼時候嗎？」他們在猶豫了好一陣子後，通常會說：「我想應該是小時候吧。」

我偶爾會好奇師父為何會這樣問，難道修行跟追溯我們曾有的模糊快樂回憶有什麼關係嗎？對於我的好奇，答案就在師父的話語之中。當他們回答問題時，想起有點模糊的快樂回憶，師父總是笑著說：「保持那些快樂的時光，不要讓它們離開。」

有時生命中即使是短暫的幾個片刻，我們也能感到快樂。例如，當我們在等待心愛的人、泡個熱水澡、跟喜歡的人見面、忙完家裡的瑣事後來杯咖啡、在鏡子前上妝、飯後一根煙、釣魚時凝視著水面或看到美麗的景色……等等，在這些片刻中我們會突然感到快樂。

然而，我們卻不知道這快樂從哪來。所以在感覺快樂的當下，我們會隱隱約約的希望，如果能夠重複那個片刻，就會再有快樂的感覺。因此，我們會覺得應該經常和心愛的人見面；當感到疲累的時候就要泡個澡；於是我們開始對咖啡或煙上癮；為了釣魚或其他嗜好花了很多時間和心力。但是，還是這樣覺得：「我不知道這是什麼，總覺得生命好像少了些什麼，我無法告訴我自己我是否真的快樂。」

如果是這樣，我們就必須明智地覺察快樂的來源。

第一，就像師父說的，為了保持這快樂的片刻，我們必須要好好的看它。當我們一次又一次的感到快樂，其實是在欺騙自己：快樂的來源是來自外在，我們覺得之所以感到快樂是因為某個人、某個特別的地方，或特別的食物。

然而快樂絕對不是來自外在，相反的，當我們讓總是向外的心稍為休息一下，我們會因為跟真實的本性相應，而突然變得快樂。

一般來說，我們認為「身體」就是「我」，因此當我們在化妝或洗澡時會突然覺得快樂。在這過程中，我們覺得跟身體靠得更近，也就是說，因為我們專注在身體的感覺上，我們的心沒有往外跑而是更靠近自己。

還有，我們那總是東奔西跑的心，因為某個特定的人或地方而停下來時，我們也會感到快樂。

最後，當我們散漫的心變成一心時，我們會覺得快樂。

如果我們沒有認出這個快樂的秘密，而誤以為是外面的人或特定的情況帶給我們快樂，那麼就會失去了真正的快樂。當來自於外的某些東西所帶來的快樂不再出現時，我們就會又開始尋找下一個人，覺得「他（她）可能不適合我」；或更換商品，覺得「這可能不合我的品味」；或是尋找其他的地方，猜想「這個地方可能不適合我」——這就像在田裡朝著彩虹追的人，不管他跑得有多快，彩虹總是在另一端；對於相信快樂總是來自於外的人，快樂就像是永遠追不到的彩虹。

修行不是像一般人，只是等待偶然的快樂。快樂的時刻是當我們的心是專注的，而且跟我們的本性合而為一。當我們可以透過正念（Mindfulness）和覺察創造快樂的片刻時，這就是修行。

當我們熟稔了這個練心的方法，在任何的環境或情況中，隨時都可以讓自己快樂。當我們從所有妄想解脫時，在那一瞬間，不用任何條件，就能立即和快樂合而為一。

禪定的體驗

在前來拜訪師父的訪客中，只有那些保持開放心與清淨心的人，才真的會有所收穫。有些人想檢視自己的體驗，但往往因為覺得自己很特別，所以較為自大，而且缺乏理解以及開放的心胸。所以，如果這些人要從師父這邊獲得東西就必須放下更多。師父常常說：

「當你開悟以後，你會了解到，每一個眾生真的都是平等的，因為他們都已經在開悟的境界裡，但是卻因為想法顛倒而受苦。一旦他們看到自己的本質，就會活在自己的願力中，這是很自然而然的事情。如果有人說他已經開悟，但心卻散漫不定，也不守戒，這就表示他並沒有開悟，也沒有正確了解佛陀的教導。」

有時候，一些修行者會懊惱他們沒有特別的體驗，「別人可以在禪坐中看到、聽到、感覺到，或知道一些事情，為什麼我都沒有呢？」然而師父總會強調，每一個人的體驗都是從他自己的業力而來，而最棒的體驗其實是「沒有體驗」的體驗。

有的修行人用特殊體驗或專心程度來檢視自己的修行，但是檢視修行其實只需要一個最基本的方法，那就是觀察自己的心。你有把「三毒心」轉化為智慧的心嗎？即使是菩薩現前，或者你能夠在夢中記得話頭，又或者你能夠讀透他人的心，然而只要你的心還是被貪嗔痴所污染，有了這些神通又有什麼用呢？即使你說你在修行，但卻不好好守戒，那你就是用修行的名義在欺騙自己。

無論是開悟與否，如果每個人的本性都是平等的，那麼開悟與未開悟的人有什麼不同呢？開悟的人會活在他們的大悲願心中來利益所有眾生，而一般人則活在「我執」之中。實際上，因為戒律可以調伏我們的心，所以我們的修行要從「持戒」開始，最後以「普賢行願」來完成。所以，不需要以「知識」或「自我」來討論開悟，只要行菩薩道，並了解每個眾生原本就已是在開悟的境界裡，那就表示你已經正確地了解佛陀的教導了。

附錄《文殊師利所說不思議佛境界經》

大德！若菩薩示行於世，而不為世法所染；現同世間，不於諸法起見；雖為斷一切眾生煩惱勤行精進，而入於法界不見盡相；雖不住有為亦不得無為；雖處生死如遊園觀；本願未滿故，不求速證無上涅槃；雖深知無我而恒化眾生；雖觀諸法自性猶如虛空，而勤修功德淨佛國土；雖入於法界見法平等，而為莊嚴佛身口意業故不捨精進。若諸菩薩具如是行，乃能行耳。

無無禪師在印度前正覺山佛陀苦行六年處（Dungeshwari Cave）的岩石上靜坐。◎照片提供／天真法師

你可以看到虛空嗎？

前陣子，有七位三十來歲的佛教徒一起到寺院聽師父教導，在聚會時師父問他們這樣的問題：「有人可以看到虛空嗎？」當沒有人理解時，他笑著拿一個坐墊：「在你和這個坐墊之間，你們可以看到空間嗎？有沒有誰可以在沒有物體的情況下看到空間呢？」當我們都覺得困惑時，他要我們只是看「空」，而不是看其他的物體。然後師父告訴我們，雖然我們現在還無法辨認，但當我們愈去觀察它，就愈可以注意到無形的東西，它超越了我們的覺知對象。

事實上，我們根本無法想像可以看到無形的東西，因為我們的眼睛總是被眼前的東西所吸引。我們無法看到無形、無色、無味的自我本性，因為我們的心總是被眼、耳、鼻、舌、身、意六根拉著向外看。

在累生累世中，我們的六根已經被馴服：眼睛總是往外找東西看，耳朵總是要聽外面的聲音，鼻子總是在聞，舌在嘗，身體要找尋肢體的接觸，然後心被思考帶著走。

其實我們應該要看「看的人」，聽「聽的人」，把心往內，但它總是要往外看，因此古代的祖師才會說六根是「六賊」。

然而，如果我們把總是往外看的心轉為往內，會發生什麼事呢？無疑的，我們可以看到平常看不到的，聽到平常聽不到的。

如果你想看到隱形的東西，

如果你想看到虛空，

就凝視著你上師的眼睛。

留下真正的眼識，你看見了什麼？
◎照片提供／天真法師

如果想看到如虛空般的真實本性，我們需要根除餘物，就像上師一樣留下真正的眼識。我們移走不重要的，換句話說，也就是要移走蒙蔽心靈的三毒心——貪、嗔、癡，留下真正的眼識。

這就是說，我們必須認出「身體就是我」的這個妄想，因為身體只是「地、水、火、風」四大元素的組合，我們必須覺察「貪執」是妄念的根源。舉個簡單的例子，首先，我們必須好好覺察對酒和煙的執著，這是比較粗的部份，然後我們漸進仔細覺察較細微的念頭，像葷食、吃五辛、任何對性的欲望等。這是「三細六粗」的概念，我們對粗的到細微的念頭進行仔細的觀察。

以前，師父只要看到紅豆包子或車輪餅出現時就一定會買，原因是這讓他想起他最貧窮時，在所待的工廠前有個現蒸的包子攤，雖然已經過了三十年，現在還記憶猶新。每次買完包子，他總是笑著跟我們說：「當我在買時，我就觀察我自己。三十年前，我精力旺盛，又餓又沒錢，下班時看到熱騰騰的包子，你們可以想像我聞到它們時有多想吃嗎？」

後來有一天，我們經過一家包子剛出爐的店。師父展露了大大笑容跟我們說：「嘿，我畢業了，我再也不被它們欺騙了，當我經過這些包子時，我可以只是看著它們而笑笑的經過。」從那天後，他再也沒有買過包子了。

同樣地，當我們內心充滿欲望和執著時，可以用正念來檢視之。「執著」就像長在石頭下的草，看起來草被石頭壓住，然而一旦搬開了石頭，草反而長得更茂密了；同樣地，如果只是壓制執著，那麼你將永遠無法真正獲得自由。因此，師父跟訪客說：「在這個世界上，請趕快去做你想做的事，如果你對世俗還有眷戀，即使外表看起來在修行，實際上無法真正將佛陀的教導落實在修行上的。」

智者可以覺察自己對這個世界揮之不去的執著，而且不費力的打消它。然而，如果你做不到，那最快的方法就是盡你所能的用最快的速度趕快去做，再放下它。

雖然你現在還無法馬上戒掉酒和煙，但請想像有一天你真的可以戒掉這些。接著我們就要利用那寶貴的時間來準備死亡了。

如果我們的房子失火了，我們會帶著最寶貴的東西逃出來，不是嗎？而我們的身體是由四大元素所組成的，當身體死亡時，就像房子失火了，然後我們瘋狂的逃出——那一刻，我們會把最有價值的東西一起帶出來。你可能有聽過一個關於媽媽在火災時誤把枕頭當成小孩夾在手臂逃出來的故事。你可以想像這就如同身處死亡的時刻嗎？其實死亡比這個情況還嚴重，完全是你無法想像的。

在死亡的那一刻，身體就像房子著火，而屋裡的人則完全迷失了方向，除了帶著三惡道（地獄、惡鬼、畜生）的枕頭往外跑，別無其他選擇。如果在死亡那刻我們不想錯把枕頭當嬰兒的話，我們應該在日常生活中更加用心，以除掉貪、嗔、痴。

優婆離尊者是佛陀十大弟子中持戒第一，他用以下的詩句告誡剛出家的修行人。我想這是在教導我們如何活著，讓我們在死亡來臨時能帶走最珍貴的寶藏。

年輕的出家眾啊，你已經放下欲望和享樂，
也很早就充滿信心決定走這個道路，
請尋找你必須走的路，並且直接往目標邁進，
同時明辨什麼是永恆，
什麼是暫時。

老鼠朋友

當師父在寺院後頭山上的岩洞修行時，三年的時間裡，他只吃五穀粉。當時，師父會把穀粉裝進塑膠袋子裡，接著立刻綁緊，因為洞內很潮濕，穀粉很容易受潮。但有一種動物總是有辦法找到它，那就是老鼠！牠們會找到穀粉袋，把袋子咬破，然後大吃起來。在岩洞的第一年，為了保護這唯一的食物，師父和老鼠展開了一場無形的戰爭。即使一天只吃三匙的穀粉，但因為東西實在是太少了，師父必須把食物藏在山洞裡比較深的地方，或是將之層層包裹，以免被老鼠吃掉。然而，第二年起他終於學會和老鼠和平共存了。

老鼠留下記號（抓痕）的肥皂、老鼠的食物。
◎照片提供／天真法師

給予得愈多，心就愈慷慨；分享得愈多，心量就愈寬廣。（圖為禪師分享給鳥兒的蘋果）
◎照片提供／天真法師

師父會在秋天收集一些果類，好在冬天時提供給老鼠。他會等到老鼠出現再把果類放在手掌裡，然後老鼠就會爬過來開始享受餐點。

現在，雖然已經從岩洞搬到弘誓院的茅屋裡，師父還是會餵食老鼠。他說這是因為在岩洞的第一年沒有慷慨地給老鼠穀粉，他為此感到很抱歉。

師父放置老鼠食物的地方是在浴室，那是用水泥磚沿著石牆建立而成的，這是因為他發現老鼠住在石牆的裂縫裡，於是開始在那旁邊放食物。那裡時會出現蛇或貓，但老鼠們還是躲過一劫。師父給牠們一些零食、米以及豆類，而老鼠們總是勤快地、一粒不剩地搬走食物。當食物沒了，首先牠們會耐心地等待，但實在是餓得受不了時，牠們就會爬出來，在我們每天使用的肥皂上輕輕地抓幾下。我想老鼠真的是很聰明的動物，因為牠們知道要在我們每天使用的肥皂上留下清楚的記號，才能讓我們知道牠們肚子餓了。

我想寺院有很多「眾生」，是因為我們和螞蟻、老鼠、貓、鳥，甚至流浪狗分享食物。雖然我們並不富裕，但我覺得給予得愈多，心就愈慷慨，分享得愈多，心量就愈寬廣，這就是心的運作方式。

欲往生淨土，先發願往生地獄

一位台灣佛教徒問一名西藏大師這樣的問題：「我要往生阿彌陀佛的西方淨土，除了誦念祂的名號以及觀想，還要做些什麼呢？要如何落實呢？我很擔心我無法到達那裡。」

這位大師告訴他，要往生淨土有四個要件，分別是——

首先是思佛、念佛；

其次是累積功德；

第三是誠心發願往生淨土；

最後是發菩提心。

阿彌陀佛在他的前世法藏比丘時，發了四十八個大願，其中一個是：

「設我得佛，十方眾生，發菩提心，修諸功德，至心發願，欲生我國，臨壽終時，假令不與大眾圍繞現其人前者，不取正覺。」

實際上，很多人為了要往生淨土而誦念阿彌陀佛的名號，但這還是不夠的，除非他能夠持續累積功德，並且發菩提心，否則要往生淨土是很困難的。因為淨土世界是依阿彌陀佛的菩薩願力所建立，不是一個實體的世界，我們的肉眼看不到，那是阿彌陀佛的報身世界，只有菩薩可以看到，是一個充滿願力、菩提心不退轉的世界。

讓我們想一想，當我們仍然想要享樂，追求美食，而且對很多事情還眷戀不捨，我們夠資格往生淨土嗎？如果我們到了淨土，當每一個人都精進的往成佛邁進時，我們承受得了嗎？如果這一世不想修行，到了下一世，當我們坐在淨土世界的蓮花座時，我們會升起精進心嗎？

師父總會這樣問：「你想要到淨土嗎？當阿彌陀佛來到我們面前說：『我是為你而來，我會帶你到我的淨土，跟著我走就對了！』有任何人會立刻放下一切，追隨祂嗎？我想你們沒有一個人可以做得到，因為還有事情要做，還是迷戀這個世界。你可能會說：『喔，佛陀，可以先等一下，讓我忙完這些事情再上路嗎？』」

然而，一個嚴格守戒、經常行善利益眾生，並且發願成佛的修行人，會很自然地往生淨土，即使他從來沒有這樣

這是禪師一位弟子所繪的圖。她試著表達出「六道」。這幅呈現的是「地獄界」。
◎照片提供／天真法師

想過。這就跟在流經山谷的河流中，沙粒會吸引沙粒，石頭會吸引石頭的道理是一樣的。

以前有一位大師，他一直誠心發願要在來世往生地獄，他對弟子們說：「我真誠希望往生地獄，以便解救地獄的眾生。」最後，在他臨終、弟子們前來探望時，大師悲傷地說：「天啊！雖然我的一生一直希望往生地獄，但現在只看到淨土現在眼前。」

師父也總是告訴我們：「如果我們是真正的發菩提心、發願累生累世救渡眾生的大乘修行者，我們絕不能只是為自己而發願往生淨土。每一次接觸到阿彌陀佛的四十八大願時，我們應該發更大的願，精進修行，並且常常思維為什麼我們還沒有發起像法藏比丘一樣的大願？只有這樣做，我們才是正確的修行人。一個大乘修行者應該在帶領所有眾生成佛以後，自己才能夠成佛。無數的眾生正在苦海中掙扎，我們怎麼可以因為念阿彌陀佛的名號十遍就想要自己往生淨土呢？」

高麗時代的普照知訥國師，對於一般修行人只是誦念阿彌陀佛名號而不自我觀照的情況也感到無奈。在他的著作《勸修定慧結社文》一書中有這麼一段：

「根據《法寶記壇經》，除非我們的心受到污染，否則西方淨土離我們並不遙遠。然而，如果有不純淨的念頭，沒有任何人可以為諸佛所接受的。壽禪師說：『如果你明了你的心，你就可以往生唯心淨土。但是，如果你心裡執著境界，你就會被境界所迷。』正如諸佛以及歷代祖師所開示，發願往生淨土就在一心。然而，離開這個心，你將走向何方呢？

「《如來不思議境界經》說，三世諸佛只存在心中，如果菩薩了悟諸佛與一切法都是存在一心，並恆持道心獲得隨順忍，或是進入菩薩第一地，拋棄色身而往生於妙喜世界，或是往生極樂淨佛土中。最近有很多學習戒律規條、獻身追求真理的出家眾，執迷於外相，他們把面向西方、朗誦佛的名號當作修行。他們前來學習諸佛與歷代祖師的唯心教導，卻認為這些內容陳義過高，而且是在追求名利，因此沒有真正接受而離去。他們捨棄了正確的修心方法，也不了解返觀自照的功德。實際上，他們和心背道而馳，執著於外

相，自認為是在依循聖賢的教導，其實是枉費了一生的聰明智慧。」**（註）**

「南無阿彌陀佛」並不只是說「我皈依阿彌陀佛，請帶我到淨土。」對於一個發菩提心的人來說，其真正的意思是：「我誠心皈依發大願的阿彌陀佛，我願意帶領無量眾生到無量光、無量壽的世界。」

南無阿彌陀佛

南無阿彌陀佛

南無阿彌陀佛

（註）《勸修定慧結社文》原文摘錄參考：

《法寶記壇經》云：「心地但無不淨，西方去此不遠，心起不淨之心，何佛即來迎請。」壽禪師云：「識心，方生唯心淨土；著境，只墮所緣境中。」如上佛祖所說，求生淨土之旨，皆不離自心。未審，離自心源，從何趣入？

《如來不思議境界經》云：「三世一切諸佛，皆無所有，唯依自心。菩薩若能了知諸佛及一切法，皆唯心量，得隨順忍，或入初地，捨身速生妙喜世界，或生極樂淨佛土中。」此其證也。以此而推，雖不念佛求生，但了唯心，隨順觀察，自然生彼，必定無疑。近世，多有義學沙門，捨名求道，皆著外相，面向西方，揚聲喚佛，以為道行，前來學習發明心地，佛祖秘訣，以謂名利之學，亦謂非分境界，終不掛懷，一時棄去，既棄修心之秘訣，不識返照之功能，徒將聰慧之心，虛用平生之力，背心取相，謂依聖教，諸有智者，豈不痛傷。

田裡的菜蟲專區

和往年一樣，今年我們在廚房的院子種了白菜。當然，我們也和以前一樣種了七顆白菜，是專門給菜蟲吃的。現在開始了每天的農作時間，當發現菜蟲時我們就誦經，然後小心的移動這些菜蟲到屬於牠們的專區。

事實上，任何種植白菜的人都知道，蟲非常喜歡吃白菜，然而我們並沒有使用農藥，並不是因為我們想吃有機的，而是因為牠們也跟我們一樣是眾生，所以我們不噴灑農藥，免得殺害牠們。

因此我們必須找出其他方法，至少讓每顆白菜還保有半顆是可食用的。

後來我們另外種植一些白菜供這些蟲食用。我們在白菜區的轉角找了塊空間，一隻隻的把牠們搬移到那裡。而且，只有當牠們長大一點有彈性時，我們才能很小心的搬動，因為如果牠們還太小，用手移動時會容易把牠們弄傷。

雖然提供了菜蟲很充足的白菜，但我們在移動牠們時感覺並不是很好，因為那不是牠們自願的。我們想找一個讓人類和其他生物和平共處的方法，雖然只是退而求其次的選擇，但對我們來說，這是有可能做到的，因為菜園的規模不大，而且不需要考量到商業利益。

禪師們種植的白菜。
◎照片提供／天真法師

一開始，有時一天會發現有二十幾隻蟲，我們會擔心七顆白菜是否夠牠們吃。每天早上我們很謹慎的搬動這些正在睡覺的蟲，同時心裡對驚醒牠們感到很抱歉，然後想著，萬一這些蟲的食欲很好，那我們是否應該多幫牠們增加幾顆白菜。

然而，剛好跟我們所擔心的相反，蟲雖然多卻從來不會吃到菜心。牠們不斷的從外層的葉子往內啃，但沒有一顆白菜被牠們吃死。

今年開始種植白菜時，我們種了一百顆，其中七顆給了菜蟲。結果，我們就在不殺死任何一隻蟲的情況下在種植白菜的同時也保護了牠們的生命。

所以，人類跟蟲是可以共存的！

前陣子，我在《現代因果實錄》這本書中讀到一個關於農夫的故事。這個農夫是個佛教徒，他無法忍受用農藥來殺死這些蟲子，因此他就對著水誦了四十九次的大悲咒來取代農藥，然後把水灑在植物上。有些人可能會說這不切實際，而且在喧囂熱鬧的日常生活中似乎太過理想化；然而，我想，發出慈悲心並且努力找到各種方法在日常生活中落實佛法，這是很大的功德。

本著佛陀的慈悲，當我們的心愈虔誠，我們就愈能跟其他的眾生溝通，即便只是很小的昆蟲。但問題就在於我們總是缺乏虔誠的悲心和智慧。當然，蒼蠅、蚊子、螞蟻、蟑螂……等，這些昆蟲雖然微小，但並不表示牠們可以隨便被殺害，牠們都不想死，也沒有任何一個生命是應該死的。身為人類，我很真誠的希望我們不要只是很傲慢的享受己利，而是也能利益其他眾生，使其也得到解脫。

善待足，如禮佛

師父經常說：「要好好對待你的腳，就好像禮佛一樣。」

從三十歲開始接觸佛法後，他就常常以真誠的心，用溫水為家裡每一個人清洗腳部。他微笑著告訴我說，在幫家人洗腳時，他內心真的是熱切地希望他們都能在佛道上獲得庇佑。

在洗腳時，他也常常用心敲打按摩他們的腳部，他說：「我們的腳是身體最吃力的部份，但它們沒有受到妥善的照顧。」我很同意這樣的說法，因為雙腳永遠都是在為身體服務，無論是站立或行走，整天都在支撐著身體，但卻沒有機會見到陽光或呼吸新鮮空氣。

聆聽身體的聲音

在《觀世音菩薩普門品》中有一句「觀音妙智力，能救世間苦」，師父從我們的修行角度來解釋這一段——

我們需要更透徹地來了解這一段經文。觀音不只是指觀世音菩薩，還有觀察聲音的意思。所以「觀音妙智力，能救世間苦」這一句話，也在說明觀察聲音的奇妙智慧可以解救世間的苦難。妳可能聽說過「耳根圓通」，根據《楞嚴經》，這是末法時代的眾生獲得開悟的最佳方法。

如果仔細地觀察聲音，確實能夠從世間的苦難中獲得解脫。當我們提到無量眾生，不是指那些遙遠的普羅大眾而已。其實，我們身體內數十億計的每一個細胞都是眾生，它們構成我們的身體。所以，我們首先就要仔細聆聽這些身體內無數眾生的聲音。

人們常常用喝酒或抽煙來解除壓力。他們的身體在痛苦地呼喊「不要煙、不要酒！」但是充滿貪、嗔、痴的人們還是繼續抽煙喝酒。他們隨心所欲地不停抽菸喝酒，接下來會發生什麼事呢？他們身體內的眾生，例如胃、肺……等，會想：「好吧，既然你不聽我的，繼續傷害我，那我們就到此為止。」然後，這些細胞開始轉化為完全不同的族群，那就是癌細胞。

當我們用禮佛的心來善待雙腳時，就是在聆聽我們的身體，覺察身體內無數的眾生，也是在修我們的心，讓身心一同成長。

想像你在首爾這個大城市裡陷入交通堵塞中，汽車一輛接一輛，前進不得，然後你開始不耐煩，感到心急，於是壓力產生了。然後，身體開始產生毒素，最後身心就被傷害了。

身心並進

所以，師父總是強調身心要並進，身體不能走在心的前面，反之亦然。其實，如果我們仔細地聆聽身體的聲音，要讓身心合而為一是不困難的。在身心和諧相處的狀態中，我們會感受到喜悅幸福，就好像是在喝茶、吃東西、工作，或靜坐。

一般來說，修行人通常比較會關注心靈，而忽略了身體。然而，師父告訴我，這樣的做法最後會讓身體崩潰！

通常，在韓國的禪修中心每禪坐五十分鐘後會休息十分鐘，因為對身體來說，理想的禪坐時間是五十分鐘。人們所不了解的是，因為一意修行而坐得太久，會為此付出代價，傷害到身體的。印度的聖人馬哈希（Maharshi）在晚年就因為腿痛而無法安適地打坐，就是因為以前坐得太久所導致。很多人也不知道，在韓國，一些經過密集嚴格修行的大師們在晚年都必須躺下來，因為早年打坐時間太久，但沒有適當躺下來休息。人們會說大師們很了不起，因為可以長時間打坐而不臥下。一個人內在的自我（Ego）愈強，就愈有可能希望勇猛精進。然而如果沒有適當的準備，就用燃燒手指的方式來供佛(註)，那就會遭受到長期的痛苦。一個曾經用這種方式供佛的有名和尚，就因為實在無法忍受而用喝烈酒來抑制痛苦。其實，他們都跌入了自我的陷阱之中。

佛陀曾經苦行六年，如果那是正確的開悟方法，祂一定會教導我們的。讓我們記住佛陀對修行的譬喻：彈琴時，琴弦必須適當調整，如果太緊，可

在印度中部刻在石頭上的佛陀腳印。
◎照片提供／天真法師

能會斷掉；而太鬆時，又無法彈出聲音。世界上所有的父母在辛苦賺到錢財後，都不會希望他們的孩子再去走那一條辛苦的路，佛陀也是一樣，祂是四生慈父，教導我們一條簡單的開悟方法，然而眾生愚痴，因為我執而看不到。我們既然得到這個寶貴的人身，就應該利益眾生。

在打坐過程中，腿部會酸麻，膝蓋會疼痛，當我們很想趕快脫離身體的痛苦狀態時，我們必須仔細地觀察自己的心。我們愈是觀察得仔細，不但愈能夠聽到身體內眾生的聲音，也能夠聽到佛陀的聲音。

用聆聽來修行

人們認為能夠讀到他人的心靈是一項了不起的能力，其實，對於透過聆聽來修行的人來說，這是一件很自然的事。多數的人在對談中，即使對方還在與他說話，他也不會真誠地聆聽對方，心裡想的是「當他講完以後，我就要說這些話。」不關心別人的感受，或為什麼對方會受苦，這就是無法讀到別人心靈的原因。

如果我們能夠經由細膩地觀察自己的心，進而覺察每一個升起的念頭，同時假若我們有足夠的力量將之轉化為一個好的且利益眾生的念頭，我們就可以逐漸地從聲音開始，進步到能聽到沒有聲音的聲音。

其實，韓國的傳統寺廟都是在修行觀音法門的「耳根圓通」，在這個修行的儀式裡，也包含擊鼓、鈴聲以及唱誦。我們應該時時記在心裡，之所以無法立刻回歸到本來就有的「無聲之聲」的能力，原因就是三毒。

如果我們能夠聽到用一隻手所發出的鼓掌聲，或沒有洞的長笛所吹出的聲音，我們就可以從生死苦難中解脫，而成為真正自由的人。然而，如果我們的心中還是充滿了貪、嗔、痴，就應該從聆聽腳部的呼喚開始。

白衣觀音無說說，
南巡童子不聞聞；
瓶上綠楊三際夏，
巖前翠竹十方春。
（韓文詩）

（註）「燃指供佛」是指燃燒自己的手指以供養諸佛菩薩，用以表示虔誠供養之心。

毒菇變藥草

幾年前我曾病得很重，當時我跟佛菩薩祈禱，「如果是因為過去生所造的惡業，讓我現在這麼痛苦，我希望趁我所全心全意依止的師父在身旁時，以及我對因果和佛陀堅定的信仰，我願意提早接受所有的業報，更努力的修行，以病為師來利益所有的眾生。」

看來我的祈禱有得到回應，因為在二〇〇六年的五月發生了一件很不尋常的事。

那天，大雨過後，我正在我們的寺院打掃。當我不經意的經過院子時，發現了一些香菇，我一點也沒有懷疑那可能是毒菇，因為每當我們需要一些有藥效性的香草時，總是可以在院子裡發現到。

我說：「師父，這裡有些香菇！」

一開始，師父說：「那些是不能吃的菌菇，算了吧！」但當我摘下它們並堅持要吃時，師父也就同意了。

它們看起來像平菇，把它們分開聞起來有松茸的味道，我們把炒過的香菇跟飯一起攪拌當晚餐。

飯後的幾分鐘，玄玄法師開始覺得站不起來然後開始嘔吐，當我在找些解毒菇相關的書時，我也有同樣的症狀然後開始嘔吐。當時，師父泡了杯綠茶給我們，臉上帶著和善的笑容。雖然喝過茶，但狀況一點也沒改善反而更糟，我們全身癱軟、呼吸困難。

那時，剛好一位熟朋友把車暫時留在師父那邊，師父就趕快開著她的車，載我們到三十分鐘車程的鎮上醫院。在前往醫院的路上，我真的覺得身體不是我的，我的身體變得僵硬麻木，我的脖子也很緊，感到呼吸困難，師父卻一點也沒有吃下毒菇的症狀，他看著我們充滿感情地說：「現在是修行的最佳時機，好好地覺察，每個人都要經過死亡。」

但當我們一到醫院，師父的症狀就開始發作了，事實上他的毒在身上擴散的比我們還多，因為他完全沒有吐出來，但他卻只擔心我們而忘了自己的安危，只想到要把我們送到鎮上。糟糕的是那天還是選舉日，所以只有急診室有開，除此之外醫生還說了我們很不想聽的話：「這裡沒有毒菇的解藥，當毒菇的毒性開始蔓延到全身時，首先會破壞你的肝，然後你會漸漸的失去視力，我不確定附近的城鎮有沒有毒菇的解藥。」

醫護人員給我洗胃和打點滴，因為三個裡我看起來最嚴重，但我並沒有變得比較好。最後我們決定坐救護車到鄰近三十分鐘車程的大一點的醫院。

上車前，我忽然覺得呼吸更困難，且情況更糟，所以我自己拔掉點滴，然而跟我一起上車的護士又給了我另一個點滴。救護車警鈴大作，飛奔往大一點的醫院，卻沒有任何的機會可以讓我解釋我的狀況。最後我的視力開始模糊，就像醫生說的，也許我的肝因為毒素完全的休克了。

我完全不知道他們用了什麼點滴，我覺得身體像被火燒，很難忍受那種痛，我立即移開點滴。在車上我們互相凝視，我感到極大的罪惡感，因為香菇是我堅持要採的，我只能對二位師父說：「很抱歉。」

然而，我們沒有任何一人擔心自己的安危，我們都只是關心和安慰彼此，在完全的寂默中，我們完全的覺醒，覺得舒適且快樂。我忘了身體的存在，失去了身體的所有知覺，這讓我想到死亡的狀態，一點也沒有感到恐懼，那是很特別的感受。

當我們抵達市立醫院時，救護車很快的返回，幾位接到先前醫院電話的護士們已帶著擔架在等我們了。在來醫院的路上我們已經聽說他們也沒有解藥，看起來也沒有其他替代方案。住院也許意味著我們完全把自己交給院方，一點也無法自主自己的生死權，我們的生命不應該是以這樣的方式結束。我放棄了一切來成為一位比丘尼，結果竟然因為這毒菇……。我實在是無法相信發生的這一切，我只想盡量的自我反思，所以我們決定不進急診室。我們靠在院前的長椅上，告訴護理人員我們決定拒絕入院。他們聽了顯得有些尷尬。

「我們只想回家……，想做更多的覺察……，可以請你們……給我們一些水就好嗎？」

我們口乾舌燥，唯一需要的是水。這些護理人員給了我們一些水，臉上露出困惑的表情。我們試著面對及回想所發生的一切，「如果我們的信仰夠堅定，我們不該去醫院的……，那我們就可以在自己的茅篷面對死亡……，修行。」

最後，我們好不容易自己叫了輛計程車前往之前停車在那兒的鎮上的醫院，即使快死了，我們還是決定返回茅篷面對死亡。當時雖然我幾乎已無法控制自己的身體，所看到的一切都是模糊的微光，但我心裡卻如釋重負，原來死亡就是這樣。一般都說當人快要死亡時，有很多東西會在心裡跑出來，但我只感受到光和自在，就像氣球一樣輕鬆，沒有特別的人物或事件出現，我只是跟佛菩薩祈禱：「無論發生什麼，我們都完全接受，如果我們可以倖存，那我們會用一輩子的時間來做佛陀的工作。」

天真法師（右）
玄玄法師（中）
無無禪師（左）
◎照片提供／天真法師

當計程車抵達鎮上的醫院時已經很晚了，我們開了停在那裡的車回家。依我的身體狀況來判斷，照理說，我的師父應該不可能可以自己開車返回山上的茅篷。因為毒素發作的關係，一條路變成了三、四條，我都喪失了方向感了。好在我們對師父一直有著無法解釋的信任感，終於，在迷路好幾次後，他以超乎常人的意志力在漆黑的夜晚把我們載回山上。

當我在佛堂坐下來後，眼淚傾洩而出無法停止，我有生以來第一次哭得這麼嚴重。反思這一切，我發現，毒菇、護理人員給我點滴、洗胃……等，這都不是我想要的，但這都是我個人的惡業，我必須要接受。淚水不停的從眼裡流出，我從內心發露懺悔，師父緊握著我的手說：「我們會吃那些毒菇是因為我們的共業，所以這是我們必須要共同走過的，我們今晚一定不能睡覺，讓我們以宏大的信心，一起在佛堂懺悔。」

師父整晚都在教導我們佛法，說明因果以及逃脫業障是如何困難，直到隔天清晨兩點半。

當早課時間到，我們還是和往常一樣作早課，當黎明來時，我們感到死亡已遠離我們了。從毒菇的晚上到隔天凌晨，似乎是過了很久的時間。

早上我們各自吃了粥，然後跟一位住在我們茅篷附近的比丘尼以及另一位來掛單的比丘尼，一起去佛日瀑布爬山，因為之前已跟她們約好了。雖然我們的腿和身體還很衰弱無法登山，但為了履約我們還是出發了。當我們到了半山腰時，師父笑著跟她們說：「事實上，我們昨晚很勇猛精進，我們整晚都在透過面對死亡來覺察（修行）。」

我記得在救護車上有好幾次師父猶豫著從口袋拿出手機，因為他不想麻煩別人來擔心自己。回家的路上，他這麼告訴我們：「我們還有事要做，所以必須待在眾生世界，有願力的人生絕對不會以這樣的方式徒然結束。」如同師父說的，由於師父的信念，最後我們帶著宏大的願力活下來了。

那天因為吃菌菇的功德，我消了很多的業障，對佛陀的信仰也更堅定，我們和師父的心合而為一，我們有了很珍貴的機會來修習死亡，我們領悟到，所有在我們的道場生長的東西全部都是藥草。

事後，回過頭來看這個事件，我的師父說：「我們能存活下來是因為一個功德，就是在救護車上我們只擔心彼此，而不是自己的死亡。當時，即使在那麼緊急的情況下，我看到了你們只有對別人的慈悲心，而不是只關心自己，所以，我就覺得你們不會死。」

這個事件讓我再度覺得慈悲心遠比生命還來得可貴。

蜈蚣喜歡毯子

我在清晨兩點醒來，感受到身體某處有刺痛感。睜開眼睛，卻看到一隻蟋蟀在牆上。「是蟋蟀咬我嗎？」我有些納悶。接著再想，根據過去的經驗，應該是蜈蚣才對。於是我翻遍了毛毯的每一個角落，看到一隻巴掌大的蜈蚣正在爬行，紅紅的腳不停地轉動。當這隻受驚的蜈蚣爬回供桌後面時，我起了一個念頭：「我必須把牠抓起來丟到房間外面去嗎？」我坐著思考這件事，一直到早課時間。

「事實上，是我佔據了這個空間，並且堅持這是我的房間，但我卻不能向蜈蚣這麼堅持。如果牠咬了我，那是因為我的業報以及因緣。所以，我最好是接受現況。」

最後，我決定和蜈蚣和平相處。因為曾經看過蜈蚣吃葡萄，於是我在房間裡放了一些葡萄在一個小碟子上，我希望為這訪客提供一個舒適的環境。昨晚，我擔心我的動作把這位訪客嚇到了。如果牠再度爬進我的毛毯時，我會保持警覺不要亂動，這需要一點勇猛精進的精神，感恩這隻蜈蚣，讓我整晚都非常努力地修行。

幾年以前，蜜蜂們在師父房間的窗戶上築了一個蜂巢。因為師父不能移除掉蜂巢，所以就決定不關閉外面的窗戶，因而度過了一個很冷的冬天。對一般的房子來說，不關外面的窗戶或許不是問題，然而對師父來說，外層的窗戶是一個很大的保護，是用來抵擋無所不入的刺骨寒風的。其實，即使關上外層的窗戶，還是非常地寒冷，然而為了蜜蜂，師父決定放棄是這麼做。

今年蜜蜂們又在師父房間前面築巢了，這些溫和有禮的蜜蜂把巢建在蚊帳上面。夏天時，師父在蚊帳上灑了一些蜂蜜，也在旁邊掛了一小罐蜂蜜。現在，這些勤奮的蜜蜂正在為牠們的幼兒建立一個家。我想，今年冬天師父大概又不能關閉外面的窗戶了。

昨晚，玄玄法師走進浴室，過了好一陣子才出來。她說，一些秋蚊冒著生命危險在她身上飛繞，牠們是要在產卵前補充營養，玄玄法師沒有選擇，就坐著讓牠們吸飽。

深秋時節，果子大都成熟了，我們的心境、修行似乎和果子一樣，也成熟了一些。

我們的心境與修行，也和深秋的果實一樣，更成熟了些。
◎照片提供／天真法師

你想得到清淨的能量嗎？

最近很流行瑜伽和氣功，那些培訓的人常常說出這樣的話：「把不好的氣吐出你的身體，再深深的吸入宇宙純淨的能量。」你們應該都聽過這樣的話，是的，這就是我們應該要很注意的地方。如果仔細聽其所言，我們可以發現「把不好的氣呼出，把純淨的能量吸入」的這個想法其實是很自私的。

下面是來自藏傳法教的「自他交換」修行法門——

當我們吸氣的時候觀想，把世界的苦和痛以黑煙的形式吸入；當我們呼氣時，把這世界最大的慈悲和安定的能量以白光的形式呼出。

我的師父也說：「當我們只想得到好的而遠離不好的同時，我們無窮的潛力就會漸漸枯竭。一個修行者不管他遭遇到什麼，都應該將之轉化為黃金。」

對於一個偉大有正面心態的修行人來說，好和不好的能量是沒有不同的；相對的，他能接受一切，把這些能量當成智慧和慈悲的原料，熔入象徵般若的熔爐裡。

想一想，不管惡魔的樣子有多可怕，也不管垃圾看起來有多扭曲和醜陋，當他們熔進熔爐裡，形狀都將消失，而只會變成一種材質。再根據製造者的目的，這些材質可能化為佛陀、耶穌或可愛的小天使。每件事的走向完全取決於我們的心，也就是說，取決於我們內在的力量，能夠把一切轉化成正面，不管是好或壞。

如果有人跟你生氣，你會如何看待和應對呢？

我們不應該以怒治怒，相反地，我們應該轉化憤怒為憐憫心和慈悲心來回向給對方。這個做法，可以讓他人接受愛和慈悲的能量，也呼應了前面所說的眾生總是只想接受乾淨能量而丟掉負面能量的心態。

事實上，讓這個世界美麗的力量來自於一個信仰，那就是——我們每一

個人本來都俱足廣大無邊的慈悲、愛，與般若智慧。

當我們呼氣時，有人傷害著這個世界；同時，也有人因為逐漸的擴展其愛和慈悲而利益著這個世界。

你想成為怎麼樣的人呢？只是想當個接收清淨能量的人嗎？或是你想當個可以給出純淨能量的人呢？

◎照片提供／天真法師

供養我的指甲給螞蟻

我們寺裡有個剪指甲的規矩：當天氣好的時候，我們必須把剪下來的指甲剪成很小片，丟到院子裡，沒有別的原因，就只是給螞蟻我們的指甲。當我看到螞蟻勝利的揹著大牠們三倍的指甲，我露出了笑容。在雨天，我們會收集指甲，放在不會被雨水淋到的地板上。能夠跟其他的眾生（動物）分享我身體的一部份，即使只是一點點小指甲，也讓我感覺很好、很滿足。

當我第一次來寺院時，院子裡有很多很大的石頭，那些大石頭現在已經被我的師父搬走了，但是當時他必須每天為搬石頭而奮鬥。村子的人告訴他其實只要用挖掘機就可以解決了，但他堅決的拒絕，只是自己用一根槓桿來滾動這些大石頭。村民不明就理的說：「這個和尚每天都在玩石頭。」事實上，他不用挖掘機而選擇自己一個人來搬動的原因是為了像螞蟻這麼小的生物著想。當我們用機器在地上挖時，會傷害到很多的小生物。所以不管對他來說有多困難，我的師父都要自己搬動這些石頭，他會先把在石頭上的螞蟻吹下來。有時師父會等待螞蟻，等牠們搬到別的地方，有時師父也會給牠們一些食物。

師父房間捲門上的門框是螞蟻的天堂。有一次他看到螞蟻們在他的房間到處找東西吃，他就放了些食物在門框內來吸引牠們。他故意在房間的死角，也就是人們比較不會走到的地方放食物，這樣當人走過時才不會不小心踩到螞蟻。這對人和螞蟻都有益處，螞蟻不必出來找東西吃，我們也不用擔心會踩到牠。

當雨季來時，我們也不會忘了給牠們生豆子和牠們最愛的指甲，螞蟻好像已經很習慣這些禮物了，牠們勤奮的在晚上扛著這些食物，經常把食物分

感受與其他眾生共生、共榮與共享的快樂。
◎照片提供／無事三姐妹

成很小塊的來搬運。我看著牠們，問師父一個問題：「師父，如果沒有螞蟻的存在，是不是沒有別的生物來清理這些死掉的昆蟲？」他說：「是啊，螞蟻是地藏菩薩！」

當我們很用心的自覺觀察，會發現這個世界是由布施組成，每樣東西，像花、我們院子的小黃瓜、流水，都是把自己貢獻給別的生物，只有人類因為貪婪而不在這真理之流裡；但是當人類顯現其般若智慧和慈悲方便時，就可以真正表現出很偉大的布施。

我希望很多人都能感受與其他眾生共生、共榮與共享的快樂，因為我們都是平等的，不管牠們有多麼的微小，牠們也不想死、不想痛苦，也想要快樂。

如果我們不希望家裡有蒼蠅、蚊子和螞蟻而用殺蟲劑來噴牠們，我們內在的慈悲就會慢慢的減少，我們的來世就會身體虛弱和病痛，這是殺害這些生命的果報。因此希望大家都能記住——愛護其他的生命，等於愛護自己的生命。

我學習微笑

當師父還是小孩的時候，村裡的長者總是會問他：「什麼事情讓你每天這麼高興、面帶笑容呢？」

在過去七年追隨師父修行的這段時光，我從沒有看到師父失去笑容。回想起來，我甚至常常沒有注意到他已經生大病了，因為他總是露出笑容。

不久以前，當我們的寺廟還在興建的時候，挖土機的司機不小心用大鐵桶傷到了師父。我們當時就在旁邊嚇壞了，趕快跑過去。然而，師父只是左看右看他的腳，然後安慰我們焦慮的心。即使是在往醫院照X光時，他還是對那個受到驚嚇、覺得非常抱歉的工人報以笑容，要他安心：「不要太擔心，一個修習佛陀教誨的和尚，即使是受傷了，也不會受到傷害的。」

最後，當他從醫院一回來，就馬上告訴那個工人說：「我的骨頭一點都沒有受到影響。我說得沒有錯，不是嗎？」

那天黃昏，在做完晚課以後，我們在佛堂聚會。師父問我這個問題：「《心經》這樣說：觀自在菩薩，照見五蘊皆空，度一切苦厄。所以，如果一個人了解本質是空的，那他會覺得痛苦嗎？」

在我們一一回答以後，他告訴我們一個故事，那是當他在洞穴修行時的故事。

有一天，當師父爬上洞穴前的柿子樹要採葉子時，因為樹枝濕滑，不小心從樹上滑落，跌到有些高度的懸崖下面，結果撞斷了肋骨，幾乎不能呼吸。於是他就躺在原地，度過了好幾天。

「如果當時有人就在我旁邊，而且我知道會被送到醫院治療，我可能就會感受到痛苦。但是當時沒有人可以幫忙我，我只能躺在那兒，什麼事都不能做，然而我卻感受到自在。躺了幾個白天和晚上之後，傷口自動癒合，我就爬回洞穴裡。」

接著他指向窗戶上寫給自己的警惕語：

「如果還有什麼可以依賴的，那我寧願選擇死亡！」

完全沒有任何依靠，那就不會有痛苦，而這就是空性。一個了解空性的人，其內心對所有的眾生充滿了無可抗拒的慈悲，在日常生活中只會想到的是——他人一直都在受苦。

那是千真萬確的，師父從來沒有因為疾病而讓別人憂慮擔心。他常常在工作中割傷了手或頭部受傷，即使流了很多血，他也只是把血止住，然後笑說：「我剛剛少了一個業障，如釋重負！」

追隨師父修行幾年後，我會因為生病而心情低落，以致臉上失去笑容，也因而感到羞愧。師父會說：

「用微笑保持一個原本快樂的心靈，就是佛心。」

如果我因為一些原因而無法保持笑容，那我怎麼敢說我是一個修行人呢？

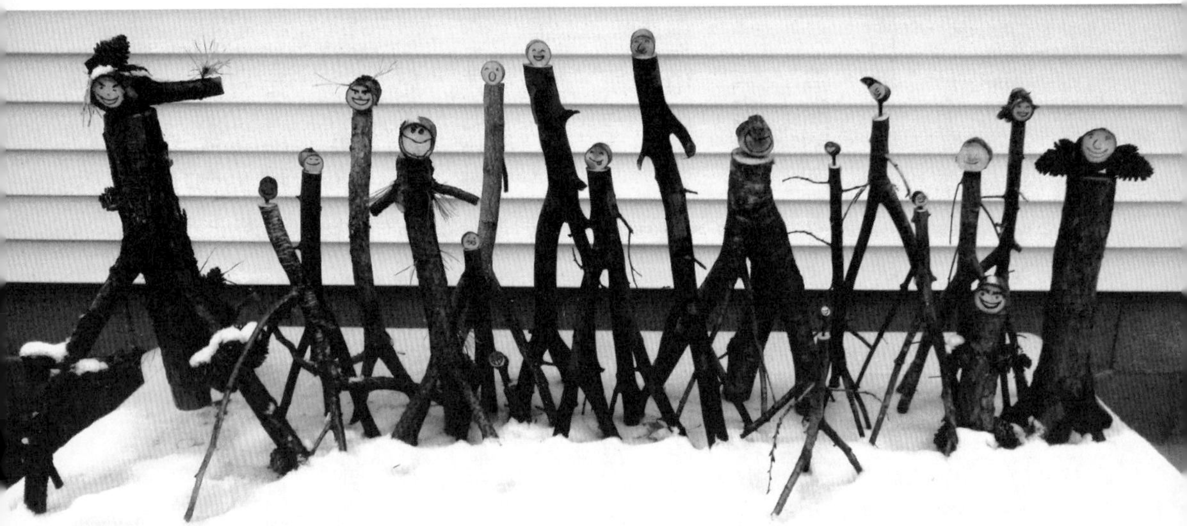

用微笑保持一個快樂的心靈，就是佛心。（這是無無禪師、玄玄法師及天真法師一起做的木製藝術品。）
◎照片提供／天真法師

有時候，我只是想從他身上多學一些。他曾這樣問過我：「妳還好嗎？妳看起來像是在生病。」我就會露出大大的笑容，回應他：「好啊，當然好啊！」什麼時候我才可以成為一個在任何情況下永遠都會先想到別人，而不是想自己的菩薩呢？

我從《佛子行三十七頌》摘錄了幾句教示：

即使遭受他人的捨棄和誹謗，
身染重病，受到邪魔的侵害，
仍然擔負一切眾生的痛苦和過失，
不灰心喪志，乃是菩薩的修行。

我希望，自己也能效法偉大的佛陀、菩薩，以及在世間的大師們廣大無邊的心量，自信地走在這條道路，能夠庇護眾生，解除他們的苦難。

開悟的人也有業力果報嗎？

麥田村弘誓院是在山腰上，離山下的村莊很遠。自從師父在這裡安居後，每次出門他都是用走的，不管是下雨、大太陽，或甚至下雪。每次他路過山下三岔路口時，在那經營小賓館的老爺爺、老婆婆都會看到師父。老爺爺有一輛老舊的摩托車，本來是在山村裡使用的交通工具，但自從他兒子買了新車給他們以後，他們就決定把那輛舊的車送給師父。有一天，老爺爺在快要做晚課時打電話來：「法師，我要請師父來拿我的摩托車。」一知道老夫婦一直都非常關照他，師父笑著說：「哇，我有摩托車囉！」

第二天，師父到了賓館，老爺爺教師父如何發動車子，然後請師父在他面前騎看看。第一次騎摩托車，師父小心地騎到橋的那一頭、村莊入口處時，老爺爺揮手露出大大的笑容說：「您剛剛通過考試了。」從那天以後，我們就常常聽到摩托車經過的聲音。當我們的讀者信眾來訪迷路時，師父甚至會騎到山下的村莊去引導他們。有些時候我們收到很多供養品，師父也會很高興地載運它們轉送給山下村莊的朋友，好像摩托車有翅膀一樣。

某天，有許多從各處來訪的信眾，在午餐後聽師父說法完就回家了，而我們很快地發現忘了給他們一些東西。師父很信任他的摩托車，他先打電話請信眾們等一下，然後急急忙忙地騎上摩托車上路。當我們還在忙著收拾清理時，玄玄法師和我聽到師父回來的聲音。一開門，看到師父正抖落身上的泥土，他微笑說：「我想我剛剛受了一點傷。」我們很驚訝他的衣服沾有不少的泥土，問他發生了什麼事，師父說摩托車的後剎車壞掉了，一路直衝下山坡。我們以為只是一些皮肉擦傷，但當看到他的傷勢時，玄玄法師和我都嚇壞了。

師父的腿部受了嚴重的傷，左手臂更是掉了一塊肉，骨頭還露了出來。他把袖子捲起來，塗了點抗生素藥膏，再用毛巾包起來，然後自己叫計程車去醫院。

其實，當師父走到那群信眾那邊時，當他們看到師父身上的泥土和不方便的行動也很驚訝。但師父不想讓他們擔心，就直接把東西交給他們，並且告訴他們沒事，假裝自己沒有受傷，然後盡快地離開他們的視線。在回來的路上，因為傷勢太重他又跌倒了，他根本無法控制摩托車。

那一群信眾還是擔心師父，他們送來簡訊問師父是否安好？即使那時師父的呼吸已經變得急促，而且要移動手腳也有困難，師父還是回他們說：「不要擔心，我沒問題。」我們想陪伴他，但他自己一個人就向急診醫院出發了，把我們丟在後面，但師父也沒有顯得很急，因為他甚至不想讓計程車司機擔心。

我們非常地擔心，直到他從醫院回來。佛堂的鐘從師父去醫院時就停住了，好像也感受到我們的心情。玄玄法師一邊清洗師父的衣服，眼睛、鼻子都紅了，不管她洗幾次，紅色的血水一直流出來。感覺過了好久好久，師父終於回來了，傷口縫了好幾針。如同往常，每次受傷他都會這樣說：「真是好啊，每受一次傷，我就覺得又去掉一個惡業了。」

然而，這次的傷好像無法很快的好轉，因為傷口太深了，只能慢慢地癒合，一個多月後師父才拆線。但這段時間，師父從來沒有錯過每天三次的早、午、晚課，雖然手臂以及腿部腫脹得無法彎曲，但在整個課誦時間內，他仍然是緩慢地彎腰鞠躬，跪拜下去。

此外，師父也一如往常對來訪的信眾開示。當開示時間比較久時，我們會擔心師父受傷的身體。然而，師父卻是花更多的時間教導，因為每一信眾都想分享他們的個人故事，而他則是用自己受傷的故事做例子來說明因果法則。所以，我們也沒有辦法，只能暫時把擔心放下。

有一天，三岔路賓館的老婆婆在往麥田途中看到那輛舊摩托車被擱在路旁的竹林裡，她即有不祥的念頭，但只是想大概是車子壞了。後來，聽到兒子講才知道師父出了意外。第二天早上，她急急地拖著七十歲的老身體一步一步地趕上麥田坡。一路趕來，到佛堂門口時，她累得幾乎要昏倒了。看到老婆婆來到，師父刻意把傷口蓋起來。老婆婆用顫抖的聲音說：「我的天啊，我不敢相信這發生的事……，我的丈夫怎麼可以把那輛破摩托車給你呢？實在是抱歉，……我真的不知道要說什麼。」

師父接著試著擺動疼痛的手臂，對她說：「喔，沒事的！摩托車倒了，但是我根本沒有受傷啊。看看我，我完全沒事啊。妳知道，有人說修習佛法的人在意外時是不容易受重傷的。我會跌倒並且受傷，這是我自己的業報，不是妳的錯。妳和妳的先生看我走路辛苦所以給我摩托車代步，妳會很有福報的。我會受傷不是因為摩托車的關係，不要擔心！」

在那一刻，我想到準陀的故事。準陀為了布施佛陀一餐，結果在過程中往生了。但是佛陀前往安慰他說：「為佛陀布施最後的一餐的功德是無量的。」

當師父用自己的受傷故事向信眾開示時，有人問：「開悟的人也會遭受業力果報嗎？」師父是這樣開示的：「沒有人可以逃離自己的業力果報，每

沒有人可以逃離自己的業力果報，所以我們要做對的事。
◎照片提供／天真法師

一個人絕對會遇上它，所以我經常說，我們要做對的事。然而，一個開悟的人會甘願承受這個果報。就好像，即使子女傷了父母的心，父母還是因為愛而接納子女。同樣的道理，一個充滿愛與慈悲的人，不會因為自己過去的負面行為所產生的果報而感到委屈，他反而會歡喜地接受。佛陀在過去生中曾經是一名婆羅門僧侶，他曾經喝斥過一名乞食的比丘。這果報是，在一次的三個月結夏安居時，佛陀只能以馬所吃的大麥當食物，但是，聽說那食物的滋味是甜美的！」

韓國的佛教徒有時會說，當和尚或比丘尼生病時，信心變得比較薄弱。人們常常會想，修行應該會更健康吧？其實，這個想法是來自於道教中長生不老的觀念，那是遠遠偏離佛法的。師父也說：「一個修行人可能會比其他人更容易生病。我的意思是，一個誠心修行的人身體會比較差，因為他會比別人更快承受過去行為所產生的果報。我們應該了解，當我們還活著的時候，我們可以承受這些痛苦，但死後在三惡道所受的巨大痛苦，就沒有一個人可以忍受得了。」

佛法中的離苦不是說經由修行而變得健康或治好絕症。舍利弗是佛陀的弟子之首，他也是因為疾病而死亡；目犍連則是被外道教徒用石頭打死。然而，沒有人說他們是因為修行不夠而死。他們的故事反而是告訴我們，有身體就會遭受到生、老、病、死的苦難。

最後，師父給了下面的開示——

身體就是無明的證據，如果一個具備身體的人駁斥無明，那就好像是小偷向另外一個小偷發誓沒有偷東西一樣。誇耀自己的修行是一件可笑的事，因為得到人身就是無明的鐵證。

我們本來就不是生滅的存在，我們是不生不滅、不垢不淨、不增不減的存在。我們因為無明的錯覺，創造了生、滅、垢、淨、增、減的存在，因為大量的苦而產生了這個身體，以執著創造出這身體的即是無知無明，因為執著於展現自我而創造了形象的自身。

必須要破除物質世界，物質世界也是處於非常低的層次。表象不是我們本來的面目。我們都戴著面具，而這個面具是來自於四大與五蘊。如果我們能夠拿掉假象，那就是本來面目。當我們愉快地參與這個面具舞會時，應該好好地扮演自己的角色，但不論任何時候都不應該失去本來的自己，這樣我們才能利用人身在當下獲得自由。

在擁有人身的時候，看一看有哪些東西是永遠不會消滅、改變或死亡的。當我們的身體承受痛苦或享受快樂時，察看我們的意識在那裡。當意識是在物質的層次時，就會有痛苦；但當意識是在空性裡時，所有的問題就消失了。

禪師與客的問與答

● **客　問**：一個真心修行的和尚會得癌症嗎？

● **禪師答**：當一個人開悟時，他的身體會快速敗壞，因為他對身體已經沒有執著了。其實，一個人之所以健康，表示他還是很強烈地依附這個身體。當我們放下執著時，身體會抗拒。來看一個例子。假設有一個家庭只有一個小孩，當另一個小孩出生後，第一個小孩為了爭取父母的注意會故意找麻煩。事實就是如此。當我們對身體的執著消失時，身體會開始呼喊要我們注意，如果繼續放下執念，最後身體就會抗拒並恐嚇我們。

當完全了解我們是不死的存在時，我們會感受到這個戴著面具的身體是令人窒息的，光是戴著面具去跳舞一兩個小時都會令人感到氣悶，然而我們還是不願把面具拿下來，因為我們不知道自己是誰。如果我們知道自己的真實本質，一定希望盡快拿掉面具。當一個整天戴著面具跳舞的人把面具取下，即使只有一點點的時間，他也一定會覺得連骨頭都清新爽快。如果我們可以在整個生命中都把面具拿掉那該有多好啊！然而，一個覺醒的人不會立刻把身體丟掉。即使他已經開悟，他還是帶著面具優雅地跳舞。終其一生，他會把他的開悟回向給所有的眾生，一直到身體結束的時候。

沒有執著就沒有生死

執著是所有苦的因，如果對身體沒有執著，就不會有死亡。死亡是因為我們認為這個由四大組成的軀體就是真實的自己而執著於它，如果我們清楚地認知身體不是我們，那就沒有死亡。當我們死亡時，是停留在一個中陰身的過度階段，接著才會再投胎，接受另外一個身體。在這個階段，即使已經死亡，也沒有了軀體，我們對身體還是有強烈的執著，我們還是會受苦。其實，這時的意識是比活著時還要清楚，這可能是一個獲得解脱的好狀態。

然而，一般人永遠無法接受「沒有形象的我」，也無法獲得解脱。他們想要展現自我，願意以形象存在，由於對形象的執著，他們回到子宮並再度成為身體。當你活著的時候，如果從沒有針對無相的自身以及空性進行思維，那就不可能在中陰身的階段獲得解脫。

舉例來說，果實在成熟以前絕不會從樹上落下。在完全成熟以前，果實不會掉落是因為它們無法想像「樹就是我」，所以會一直緊緊地掛在樹上。但當果實在秋天陽光下成熟時就自然而然地掉落。在我們還活著的時候，我們應該這樣修行：即使有著身體，也應時時試著不要認為身體就是我們自己。

「有身體」就是我們無知無明的證據。由於無法完全擺脫對「相」的執著，我們今生繼續在這個軀體裡受生。接著，我們要如何才能夠擺脫對身體的執著呢?答案是：我們愈守戒，就愈能放下執著。要戒掉這一世養成的抽煙喝酒習慣已經很難了，更不用說放下對身體的執著。所以，如果你不能戒煙、戒酒，或不吃肉，那麼說「我在修行」就沒有意義了。要改掉本身的負面習慣真的不容易。

「有身體」就是我們無知無明的證據。

◎照片提供／天真法師

不管你多麼用力地呼叫阿彌陀佛的名號，如果祂現在就來到你面前說：「因為你這麼急切地呼叫我的名號，所以我來接引你，現在就讓我們到我的極樂世界吧！」此時此刻，你會跟著佛走嗎？你可能會想要看到孩子長大，要看到先生事業成功，要享受更多的樂趣，要吃更多的美食。能夠立刻跟著佛走，放下一切的人真的是很少。你會說：「佛啊，不管平常我多認真的唱誦您的名號，那並不代表我會立刻跟您走。等我老一點的時候再和您相會吧。」

因此，我要求你立刻完成想要完成的世事及尚未解決的執著。當然，有智慧的人不需要做這些事情就可以放下執著，因為你要一樣一樣的完成這些內心欲望，它需要的千劫時間，對有智慧的人來說，只要用很短的時間在心念中即可完成。

記住，只有守戒、並且具備善良的心以及正念的人才能夠擺脫對於四大與五蘊的執著。即使我們有身體，也不要認為「有這個身體或這個身體是存在的」這就是對空性冥想的方法。如果這個念頭能夠成熟，它會像果實一樣毫無眷戀地從樹上落下，我們在死亡那一刻就會得到解脫與自由，沒有任何的執著與痛苦。

般若部經典中屬於圓滿智慧的，例如《金剛經》和《心經》，就是在指導我們如何直接放下執著。我們必須深刻地反思這些經典，並且把這些教導真正落實到修行中。

觀自在菩薩，行深般若波羅蜜多時，
照見五蘊皆空，度一切苦厄。

——《心經》

若以色見我，以音聲求我，是人行邪道，不能見如來。
一切有為法，如夢幻泡影，如露亦如電，應作如是觀。
凡所有相，皆是虛妄，若見諸相非相，即見如來。

——《金剛經》

認同身體就等於是從形相與音聲中尋找自性；不接受身體是「我」，就是看待事情如夢幻泡影，如露亦如電。不認同身體，我們可以看到自性如來。雖然我們無法立刻理解經文的意義，如果能夠用正確的方法反思與修行，有一天這些教導會像閃亮的黃金一樣進入你的心中。

千經萬論無不說：脫離身心，破於執著，乃入真理。

——摘自《宗鏡錄》

殺生只要念咒語就可以了嗎？

有一天，一位讀者來訪，問了禪師下面的問題。

讀者問：「我來這裡之前在一座廟裡祈禱，祈禱時有很多蚊子。那時有一個人也在祈禱，他說這些蚊子應該趕快接受新的軀體，所以殺掉蚊子是沒有關係的，只要為牠們誦念咒語就可以了。請問您如何看待這件事？」

師父給她這樣的開示——

讓我們從牠們的角度來思考這個問題。如果有一個比你大幾百倍的生物來到妳面前說：「好吧，我想妳沒有好好地守戒，修行也不認真，妳最好是死掉以便得到一個新的身體。」然後就把妳弄死，為妳念咒語，這樣妳會接受嗎？實際上，即使妳沒有問我這個問題，如果妳稍微想一想，妳也會得到正思維的答案。

我們能殺害生命，但我們無法讓牠們復生。即使是蚊子或蒼蠅，隨意地殺死牠們後，你真的有能力讓牠們獲得更好的身體嗎？你甚至不知道這些蚊子會得到更好或更差的身體。其實你只是不想被蚊子咬，但是如果你用佛法來合理化你的貪念，這是不對的。在這個世界上有很多不好的事情假借宗教的名義發生，為什麼宗教會導致戰爭呢？是因為生命的價值沒有被同等對待。佛陀說每一個生命的份量與價值都是一樣的。

我曾經在金海主持一家廟宇。廟裡有一個水池，所以在夏天會有很多蚊

發出至誠心念，一切生命的存在一定會有所感應。
◎照片提供／無事三姐妹

子。那時每天黎明有集體誦經，而每次誦經時，一大群蚊子就撲向我們。最後僧眾失去耐心，告訴我說：「師父，請你在那邊稍待一下，我們會處理，用殺蟲劑在廟裡四處噴灑一下。」接了那通電話後，我仔細地思考，然後決定我不應該讓他們那樣做。在誦經時，不管有多少蚊子來咬，我們絕不可以因為要誦經而噴灑藥劑犧牲生命。所以，我回電說為了誦經祈福而用藥劑殺蚊子蒼蠅是不對的，如果真的要做什麼事的話，那就應該買驅蚊香才對。

第二天早晨，我們開始誦經。猜猜看發生什麼事？通常我們是誦念四小時，而令我訝異的是，只有我完全沒有被蚊子咬，而那些燒驅蚊香的人卻被咬得很慘。那時候，我再度了解，如果我們發出真正至誠的心念，一切生命的存在一定會有所感應。

很多來訪的讀者問，我們在蚊子叮咬時是否真的要保持不動。請想想看，對蚊子來說，我們人類只是食物而已。我們都會捐血做好事了，所以給蚊子一點點的血實在不需要小氣。我們隨便地宰殺豬、牛、雞，因為我們把牠們當作食物。但一隻蚊子不會殺害我們，牠只是吸一點血然後就飛走了，然而我們卻痛恨牠來咬，就要抓牠、殺害牠。這就是我們！從某些方面來說，人類是自然界最邪惡的存在。人類殺害最多生物，對環境的污染也最大，你們覺得呢？佛陀說，下一輩子獲得人身非常困難，就好像大海中一百年才上來呼吸一次的盲龜，在浮上水面時正好從一塊漂浮木頭中的縫隙鑽出來一樣。我們必須切記在心的是，如果我們隨意殺生的話，是不可能再獲得人身的。

父母臨終時最好的孝道

有一天晚上，當我們做完每日的晚課要回寮房時，手機傳來了一個訊息，是詢問在我們弘誓院有沒有提供四十九天的法會服務。師父直接回電給對方，那是一位曾經打過電話給我們的讀者。她說父親剛剛過世，正在擔心應該要做什麼。師父問她父親臨終時是否安詳，並且告訴她不要觸碰遺體，整個晚上只要至心誠意地念佛。

雖然只是一個簡短的對話，但我們感受到她的善心，希望真誠努力地讓她的父親往生淨土。我們從來沒有見過面，但因為她讀我們的書就相信我們，並且信賴師父，所以師父說：「要不我們現在就動身到光州，為他父親舉行一個『尸陀林』的儀式（一種為亡者開示誦經的祈禱服務）？」我們一起回答：「當然好，師父！」然後我們叫了計程車，那是九點過後，也是我們平時就寢的時間。

我們在夜深時抵達這位讀者的家，進了房子，看到她過世的父親躺在客廳沙發下面，雙手放在胸前握著佛珠。他看起來是如此地安祥，感覺像是一位法師。我們先安撫聽到父親逝世的噩耗而趕回來放聲痛哭的家屬，讓他們冷靜下來，接著師父請他們不要哭，一起為亡者誦經。接著我們為他祈禱。在我們真誠的祈禱結束時，師父給亡者這樣的開示——

你因為罹患癌症而受苦，現在終於可以擺脫這個痛苦的身體了！請好好地想，身體本身就是苦，要全心全意地皈依阿彌陀佛。不要再來受生了，因為那帶來生老病死。要往生極樂淨土，享受無量壽和無量福。

在死亡後的三或四天內隨意觸碰遺體，或哭或大聲講話對亡者是完全沒有幫助的，因為亡者的意識要在三、四天後才會離開身體，在這段時間內，如果我們輕率對待遺體，亡者的意識會感到劇烈的痛苦，而這個因痛苦所產生的嗔心會增加墮入惡道的可能。這位讀者在照顧父親之前，曾經受過安寧訓練，所以很煩惱在第二天就要把父親送到殯儀館，因為在那邊就一定要放在冷凍櫃。師父告訴她，如果無法避免必須要在殯儀館而不是家裡舉行葬禮，那麼在第二天早晨之前她應該摯誠地唱誦「南無阿彌陀佛」，以便父親在移到殯儀館之前就可以往生西方淨土。

當我們回到寺廟時，已經過了午夜了。稍微睡一下，我們如同往常在早上兩點半起來開始早課。天亮時，我們接到她的來電，說當她試著搬動父親時，非常驚訝地發現遺體竟是如此柔軟，像活人一樣。師父說，因為女兒真誠的心，他父親已經到好的地方去了。

禪師與客的問與答

● **客　問**：我的母親和她的妹妹以及妹夫相處不好，現在她病得很重、快要死了，但她對他們還是非常失望而且痛恨他們。我想，有這樣強烈的恨意，她無法往生到好的地方。我該如何幫助她呢？

● **禪師答**：在臨終時所產生的念頭通常決定下一世的去處，在那一刻所產生的嗔念會帶來地獄般的受苦。所以，在臨終時，最好是有她親近並且感到心安的人來陪伴，不要找來母親怨恨的人。在她走以前，要時時提醒她以往所做的好事。即使你所提的只是很微小的事情，但這個善良的心念在她心靈中所帶來的影響與感受，會讓她往生到好的地方。

客　問：我是一個天主教徒，但我的母親在生前遇到困難時都是依賴佛陀。母親在晚年得了阿茲海默症，她周圍的親人在她死的時候，為她舉行了一個儀式，讓她轉變為天主教徒。雖然我是一個天主教徒，但我擔心這樣做是否正確。

禪師答：讓我告訴你我的家庭故事。雖然現在我是出家人，但我的兄弟姐妹大多數是基督徒，他們非常虔誠；而我母親是佛教徒，在我的孩童時期，她都是誦念觀世音菩薩。在我大哥和她同住以後，她被建議改信基督教。如果母親繼續信仰佛法，在她亡故時我可以協助她往生到好的地方。我雖然對此感到心痛，但我決定不再干預母親的信仰。你知道為什麼嗎？那都是為了母親。如果她的兒女硬要她改變宗教信仰，那她就會因為拋棄了原有的信仰而心生內疚，而這個內疚感會讓她在臨終時無法往生好的地方。重點是要協助她往生到好的地方。如果我們真的要協助父母往生善道，我想最好是讓他們相信一直以來就相信的，在那一刻改變信仰反而會讓他們墮入惡道。

客　問：我祖父現在醫院，家裡的人認為應該讓他在醫院過世才是盡孝道。我覺得是應該要在家裡安適地走，但我不認為家人會接受我的意見。

禪師答：很不幸地，每一個人都要根據自己所造的業報面對死亡。如果你的祖父在醫院死亡，很多情況對他都是不利的。在他死亡時，他的身上會插著注射針管，然後會馬上被移到冷凍櫃。在死亡三至四天內，我們不應該草率對待遺體。雖然就醫學上來說，他的心跳及呼吸已經停止，也經過醫師宣布死亡，但他的意識還沒有離開，我們必須很小心。反而在臨終時刻，他的意識變得非常敏銳，所以會感覺到特別痛苦。所以，最好是家人靜靜地在旁邊陪伴並念佛。現今的殯葬文化是這個愚蠢時代的我們的共業。在以前殯葬送亡時間最少是三天，五天或者七天。

所以，如果你想要擺脫這些死亡時不想要的東西，你就必須在活的時候學習並思考死亡。在死亡時，你的意識好像一片樹葉漂浮在急流裡；在強大的業報中，你無法隨心所欲控制你的心念。根據我們一生所造的業，我們都是無助地任業力擺布。大部份人在臨終那一刻會因為意識昏昧，而被習性牽引著走，就好像是金庾信的馬。金庾信是以前新羅王朝的一個將軍，很喜歡喝酒。一天，因為母親的斥責而決定戒掉喝酒的惡習；然而在從戰場回來的路上，他因為太累而在馬背上昏睡過去，結果馬依然馱著他到他經常去的一個酒館。如果在活著的時候培養出好的習慣，即使在失去意識時，我們的心仍然會遵循好的習慣而通往正確的道路。

所以，我鼓勵你要改正世俗的習慣，並經常地建立起佛陀的習慣。一個真誠修行的人，即使是面對一件小事也是認真面對，以他專心至極的一念，他畢竟是會往生淨土的。如果你真正關心祖父，你應該及時協助他為死亡而準備，讓他一心稱念南無阿彌陀佛，好嗎？

客　問：我想幫助媽媽進入佛道，但是她太老了，甚至無法讀經，我要怎麼辦？

禪師答：年輕人可以按部就班修習佛法，守戒、讀經，並落實修行等等。然而，這些對老人家來說太難了，所以慈悲的佛陀給我們一個最後的教示——淨土法門。

為了讓有情眾生獲得解脫，佛陀說：「你只要在臨終時一心稱念南無阿彌陀佛十次，我就會率領法親眷屬來接引你。」佛陀所說的是千真萬確的。「南無阿彌陀佛」是什麼意思？「南無」是指至誠的皈依，「阿彌陀佛」是指無量壽無量光，永恆的壽命與快樂。在臨終時，能夠一心稱念南無阿彌陀佛，代表你前往永恆生命的世界的強大決心，那個世界是無死亡的無量壽世界，是無苦痛的無量光世界，也就是極樂世界。請向你母親清楚地說明這個意義，並且告訴她要誠心誦念「南無阿彌陀佛」，這是目前最好的方法。

●**客　問**：最近人們談到很多有關器官捐贈的問題。你認為捐出自己的器官是一件功德嗎？

●**禪師答**：器官捐贈不是一件簡單的事。即使醫師宣告已死亡，人的意

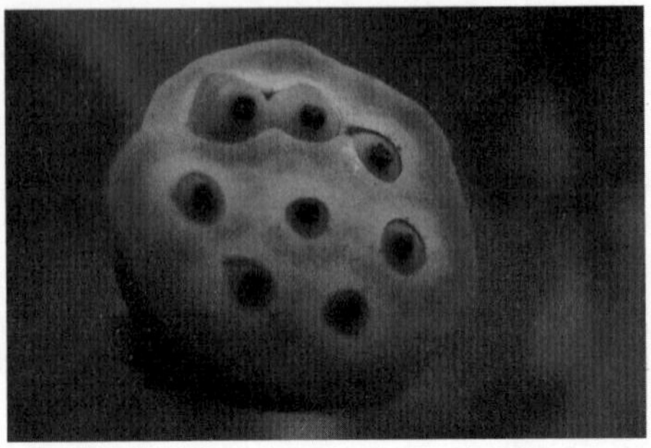

最大的布施是法布施，更可貴的是永遠解脱生死。

◎照片提供／天真法師

識，也就是靈魂，還沒有和身體脱離，一般會在三到四天後才離開。在這段時間裡，如果有人動了身體取出器官或身體的一部份，幾乎所有的亡者都會感到劇烈的痛苦並產生很大的嗔念。如果他們在死亡時生氣，那要往生到好地方就很困難。可以捐贈器官的人必須是在沒有麻醉的情況下還能夠忍受手腳被截斷的這種痛苦的人。

如果好心的人不了解這個情況，好意捐出他們的器官，然後無法處理這個痛苦以及下意識跟著來的憤怒，他們就會墮入惡道，那就很令人傷心。最大的布施是法布施，更可貴的是永遠解脱生死，而不是把生命多延長一點時間。最重要的事是幫助人們放下對身體的執著，這是我們身為修行者應該要做的事，因為沒有人可以用這個身體永遠地生存。

假如你到一個什麼都是金子的小島

有一天，師父問一位虔誠的修行者修得如何？她回答說：「我應該就只要單純地修行，但我仍在有情眾生的遊戲中沒有放手。」

師父給了她以下的教導——

這世界上沒有一件事不是真理。仔細聽我要跟妳說的這段話。有一個小島，如果你到這島上去，每件東西都是金子做的，即使是沙子、樹木、岩石，島上所有一切都是金子。因為水果是金子、草是金子，所以即便是吃東西拉出來的糞便也是金子。若我們用真理之眼去看，我們會發現這個世界是由一種材料所構成，就像用麵粉製作麵條、饅頭、麵疙瘩湯，所有一切皆由不可思議的「空性」材料所製。

請不要向他處尋求寂靜，在喧鬧之中，要同時自覺到寂靜。永遠是寂靜的，所以萬物能夠生成。出現的一切本身就是寂靜。除了寂靜，別無其他。

但是為什麼這個真理沒有示現在我們面前？因為無知無明，業報如雲遮蔽了正見。為了顯現原本就存在的真理，應該要去除三毒或五欲。因此，一個修行者應該要視戒律為最重要的事。

你有沒有聽過「轉識成智」？透過巧妙地運用三毒，你可以獲得智慧。

一個很有錢的人並不代表他就是貪婪的；一個沒有錢的人也不代表他就比較不貪婪。一個貪婪的人當他賺了很多錢，他只想到要給自己用。相反地，一個有智慧、不貪心的人，當他有了很多錢，他不會認為這些錢只歸屬於他，所以他會為他人而用這些錢。一個有正見的人，無論他做什麼，都可以利益一切眾生。當我們有正確知見的時候，就不會愚蠢行事。你應當永遠不要失去對解救我們脫離生死之苦的佛陀的皈依心，也不要失去對法、傳播佛法僧眾與善知識的皈依心。如此的話，我們遲早能夠脫離生死苦海。至心地皈依三寶，好好地持守戒律，就是最好的修行。

——頂峰無無禪師

在這個世界或那個世界，除了這個沒有別的了！
如果你進入了不二門，森羅萬象、頭頭物物，除了這個，什麼都沒有。

禪師與客的問與答

客　問：為什麼皈依三寶這麼重要？

禪師答：如你所知的，三寶就是指三種寶物，意指全宇宙最珍貴的寶物，也就是佛陀、佛法和傳達佛法的僧侶。為什麼這三者是最珍貴的寶物？假如有個人跟你說：「我給你一整車的鑽石，交換你一個月後死去。」你會怎麼做？不論可以得到多少錢，沒有人會願意用生命來交換，這就表示沒有任何東西比生命還要有價值。而佛陀是唯一解決這個死亡問題的人，佛陀向我們揭示了永遠脫離死亡的方法，所以還有什麼比三寶要來得珍貴？

假如我們真誠地皈依佛法僧三寶，至少我們可以避免墮入三惡道。在三惡道中，很難遇到佛法僧三寶，所以如果皈依三寶，自然不會投生到三惡道。

即使在現今這個世界上，無處可去的人也是最可憐的。韓戰爆發的時候，人們往南走去尋求避難所。那個時候，如果他們有朋友住在南方某處，他們會覺得很安心。難民們即使逃離了戰場，那些沒有地方可以依靠的人還是只能在別人家的屋簷下受寒發抖。看看那些街友，我們無法言喻他們有多可憐！當我們要往生的時候也一樣！那些對三寶沒有失去皈依心的人絕對可以回到一個很好的地方，他們在這世上有令人安心的依止處。因此，他們可以遠離三惡道到很好的地方去。

開悟的人會獲得神通嗎？

一天，有人向師父提問：「我聽說佛陀在菩提樹下開悟證道，他在初夜時獲得宿命通，在中夜獲得天眼通，最後在凌晨獲得漏盡通。我好奇開悟與這幾個神通的關係是什麼？」

師父這樣對他開示——

一般來說有六種神通，就是天眼通、天耳通、神足通、他心通、宿命通和漏盡通。然而，只有讓所有煩惱消失的漏盡通才是正確的開悟。開悟的意思是完全地了悟生死。對一個了悟生死的人，每一步都是神通。假使有人得到神足通，能夠在一瞬間來回很遠的地方，但仍無法解決死亡的問題，那也是沒有用的。然而，大多數的人在修行中獲得五神通後，會錯認自己是大師或道士。所以，我勸你們不要被境界所欺騙。當你爬到山的最高峰時，那裡是沒有樹或花的，一點都不好玩，那邊一片荒涼，只有一無所有的天空。無論爬山的過程是多麼地令人歡喜，我們都必須放下，繼續往頂峰前進。在抵達山頂後，我們可以在下山途中享受美好的風景。我的意思是，在我們獲得漏盡通之後，我們可以利用神通來救濟眾生。

實際上，在運用神通渡眾生時是會有很多困難的。假設我們之中有一個人可以清清楚楚地讀到你的心思，你會覺得自在嗎？不會的，你會覺得非常地不安。在那些有神通的人面前，大多數人都會心生恐懼。當我在太白山時，有一位大師有很大的神通力量，但是猜猜看後來發生什麼事？信徒們都太無法脫離恐懼了，以至於每一件事都要來請教師父，連在家裡釘個釘子都要來問。

在我三十幾歲時，很長的時間裡，我曾經獲得許多神通，就好像大浪來臨，有多種的能力出現了。你知道我那時做了什麼事嗎？整整一年的時間，為了去除那些能力，我真誠地在佛菩薩面前祈願，我想要的只是完全的調伏我的心，在我調伏心念以前，我不想要這些神通的能力。

如果一個無法調伏自己的心的人擁有神通，會發生什麼事呢？自然而然地，他會利用這些能力來滿足自己的三毒心。他會讓別人害怕他，服從他，令人恐懼的事情就會發生。如果我們用神通來濟渡眾生，那也很可能是在行邪道。所以，除了一些特殊的場合，佛陀也不會顯示祂的神通。祂反而說，最大的神通就是一顆慈悲的心。你可以清楚地了解我所說的嗎？

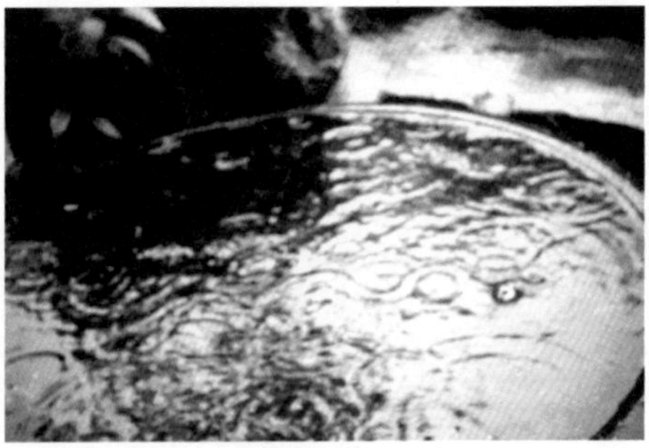

像鏡子般觀照他人的心，用正見與正方便解決所有的問題。
◎照片提供／無事三姐妹

「最大的神通是慈悲」佛陀的這句話，讓侍奉師父近十年的我們非常感動。師父總是會說這個世界的形成是依據平等的法則。看到這麼多來拜見師父的人，我們對於這句話有很深的了解。

有些時候有生病的客人來訪，師父在他們離開後會生好一段時間的病；而有些為情所困的訪客離開後，師父也會變得很餓。每次來訪的人把他們沉重的心靈負擔丟給師父，而師父總是用他的愛與慈悲填滿這些人空的心。也有些時候，一些懇切的訪客因此而獲得身體或心靈的療癒。這些都是師父真誠的願力所帶來的奇蹟，師父為了他人的快樂與自由，無私地完全奉獻自己。

所以，我們深深地相信，最大的神通是沒有任何煩惱、清淨的智慧與慈悲，像鏡子般觀照他人的心，師父總是用正見與正方便來解決所有的問題。當年真誠祈禱去除神通的心靈，現在正用大慈悲心回向給造訪弘誓院的人。

禪師與客的問與答

●客　問：開悟的人也每天禮佛誦經嗎？

●禪師答：為什麼他們不禮佛呢？當然要禮佛的。你開悟以後要做什麼呢？一個人一旦開悟，就只能對所有眾生落實大慈大悲的心，真正開悟的人只會過著和佛陀以及古代大師們一樣的生活。他們會用行動來帶領眾生開悟，而禮佛儀式就涵蓋了所有的心念。所以，開悟的人會更真誠地禮佛，將其當成是對所有眾生大慈大悲的方便法門。

●客　問：即使在開悟後，開悟的人會保留話頭嗎？

●**禪師答**：參話頭就是解決死與受苦的問題，也是完全地從生死解脫。開悟之後，話頭本身就是真理。

如果一個人參透了話頭，他就從煩惱中解脫。就好像演員在連續劇中扮演角色時，不會把角色看成自己；而人生就像是連續劇。扮演乞丐並不表示你就是乞丐。因此，一般的說法是，一個人開悟以後就不會再增加業報。

當我們解決一道數學題目時，我們會用X來代表我們不知道的，在找到答案之前，X應該一直放著，一直到最後我們發現那是什麼。話頭就是X，它應該被保留當成未知直到最後。然而，當我們參悟了話頭，其就變成真理了。你在當下會保留話頭嗎？當你獲得X的答案後，你還會保留X嗎？

我走對方向了嗎？

來自釜山的一位男性佛教徒請教師父：「有時候我會擔心我的修行是不是正確，我有沒有走對方向？」

師父跟他解釋什麼是正確的修行——

我們無法看到真相而都只看到假象的原因就是起於我們的三毒心，換句話說，就是因為我們戴了層層「業報」的眼鏡。我們沒有明確地知道死亡是否存在？痛苦是否存在？我們誤以為死亡和苦難是真實存在，所以我們會受苦並難過。那麼，我們要如何精確地看見？如果我們依循著佛陀所引導的路徑，就可以打開智慧之眼並且立刻看見實相，就能直接地看見沒有死亡、沒有苦難，只有永恆快樂的實相。

在我年輕的時候，我們家鄉的人一年要去清理水井一或兩次。他們在清水井時，會先把井裡的水攪一攪，藉此將井底的沉澱物和水一起打出去。然後他們就靜靜地坐著等井水變得清澈，直到可以清楚地看到水裡面。就像這些井底的沉澱物一樣，我們無知的心從過去以來所造作的一切，都被放在一邊，沒再去動它。例如，有個人向朋友借了錢，卻完全忘了這件事；有一天，他突然遇到這位朋友，才猛然想起他曾向這位朋友借錢的事情——跟這個情況一樣，我們過去所造作的業報被深深地埋在心裡，而且永遠不會消失。

井水如果很髒，就無法看到井底；因為業報的污濁，我們也看不到究竟的真理，也就是實相。而就像清理水井時要先攪動、再清洗，然後坐下來等待水變清澈……等這樣的過程，我們在一開始修行時不能只是參禪打坐。打坐時就要先淨化從過去以來所造作的種種業報，並且要懺悔，這就是佛陀教我們的持戒、禪定、智慧的「戒定慧」三學。為什麼打坐的時候會升起煩惱妄想，就是因為我們還沒有完全解決有些行為的渣滓。

持戒就是一種決心，「從現在起，我不要再像以前一樣愚昧地過生活了！」這是一種決心與力行，「此刻我已遇見了佛法，所以從現在開始，我要過一種不留痕跡、不留渣滓、不再有悔恨的生活。」但問題是過去我們所累積的業報已經留在心裡，我們被自己所造作的業報綁住了！如你所知的，我們沒辦法讓一隻被我們殺死的蚊子復活，因此，仰仗佛菩薩的威神力，我們應該要全心全意的懺悔。

一般過著世俗生活的人會認為光是要守五戒都很困難，最好的方法就是立下大決心，立刻戒除所有的事情。我們想想「不殺生」戒，晚上開車的時候，有多少蟲子撞上車而死掉？然而，即便不是有意要殺害牠們，我們都應該要有決心：就算牠只是微弱的小生命，我也不再有意地傷害。當我們種下「我絕不再故意殺害生命」這堅固的心念種子在心裡，那麼我們的外在行為也會愈來愈少殺生。假如連一隻小小的蚊子或蒼蠅我們都不顧一切地要殺死牠，那就會讓我們的心產生障礙、業報會愈來愈重，就更無法明白真理。因此，只有當我們持守戒律，心才會產生正見，最終才得見實相。

每一部經典都有這麼一句話：從過去以來累積善根福德者，才得遇此經典。「善根福德」意指過著誠實善良且正直的生活。有些人認為守戒太困難，從一開始就不願持守，卻想得到好的修行成就。雖然理論上是說沒有死亡，但假如我們沒有過好正確的生活，終究還是無法開悟的。這

唯有去除三毒，才能解決死亡的問題。（畫中間的圓即是「貪、嗔、癡」三毒心的象徵；而外圈的圓則是因三毒心而起的「輪迴」。）
◎照片提供／天真法師

就像是喝醉時很難判別哪一條路才是對的一樣，因為三毒心令我們昏蒙，以至於無法分辨什麼才是真理。唯有去除了三毒，才可能解決死亡的問題。如果你覺得對你來說守好五戒太困難了，那麼至少不要失去虔誠皈依三寶的心，這樣起碼可以遠離三惡道。我希望你記住這一點——評斷你的修行方向是否正確、或修行得好不好的唯一標準，就是皈依三寶以及戒定慧三學。只要你能這樣做，就可以得到真正的智慧，最後也會像佛陀一樣發無上正等正覺的菩提心。

禪師與客的問與答

●**客　問**：師父您說守持戒律是修行的第一步，那麼聽佛學講座與研讀佛經的意義是什麼？

●**禪師答**：佛教的修行講求信、解、行、證，意思是信心、理解、實踐、證悟。信心就是對三寶有信心，也就是說要正確地皈依三寶。研讀佛經則包括要真實地了解佛陀的教導，這是修行的第二步驟。所以為什麼要研讀佛經呢？這是為了將佛法付諸實踐以達到證悟。如果你想要將所學付諸於實踐而得到開悟，首先就必須正確地守戒，這才是正確的次第。

真正的空性體驗

有些來弘誓院的人有過空性的體驗，有的人說他們覺得好像所有的貪念都放掉了。

師父為此做了下面的開示，希望他們可以在修行上更為進步——

體會到空性表示三毒心以及所有財、色、名、食、睡的欲望都在同一個時間消失。當三毒心消失會發生什麼事呢？三毒心消失時，在當下這個身體存在的理由也就不存在了。因此，身體會開始瓦解，就好像抓著一個充滿氫氣的氣球再放掉它，氣球會飛向藍天。有些修行人認為自己已經證得空性或消除所有欲念，但很少看到有人真正證得解決死亡。

我的家鄉咸陽是在深山裡面。在中學時的學校旅行中，我第一次坐了火車；有一天我有事要到晋州，那是我第一次搭公車。公車行進在彎曲的山路時真是很驚險，但在我年輕的心靈裡，司機看起來是如此地沉穩。當時我就想將來也要開這麼大的一輛公車，那個念頭深深地植在我的潛意識裡。

此外，小時候我對於牧師、神父以及和尚都充滿很高的敬意，也很想成為那樣子的人。所以我問自己：我也能走這條路嗎？我誠實地往內看自己，發現在這個世界我還有很多事情想做，其中一件是我還無法放下對愛的眷戀。我知道不解決這個問題我是無法走這條路的。當時我這樣想：若是如此，我必須趕快了結這些俗事，才能走上真理的道路。因此，從中學畢業後我很快地進入社會，從很多事情中學習領悟。我很早就結婚，但一開始我就沒有興趣要賺很多錢。不管學到什麼事情，做完一個工作後我就毫不猶豫地找下一個工作。我做了很多工作，包括理髮、裁縫、橡膠廠工人、鞋廠工人、玫瑰花園園丁以及資源回收人員。經歷了這些工作以後，你覺得我最後還沒有完成的心願是什麼？就是那公車司機！

我終於成為從小就想要做的公車司機，然後我就可以清除所有對塵世的眷戀了。接著，對於未知的感受開始像大浪般迎面而來，我感覺到一個全新的世界就要對我開展……。某天深夜，當我停好公車正要離開停車場時，突然從內心深處湧出這樣的念頭：「啊！我終於完成了我在塵世所有必須要做的事情。」我的眼淚流了下來。從停車場走回家的路上，我的眼淚不停地流。半夜時分，家人都睡著了，盥洗後我一個人坐在小房間裡。為了撫養家庭，我中斷了從小就習慣的打坐，也沒有時間讀書，一直都是過著艱苦的日子。然而，在了結所有未竟的塵世心願後，我放下了一切。

當時，我靜靜地坐著，呼喚著我所知道的每一位聖者：「啊，佛陀、神、觀世音菩薩！我在這個世界已經沒有事情可以做了。」接著，在放下所有事情的狀態下，觀察了幾次呼吸後，我的心完全沉澱下來，過了長久的時間，我的呼吸不自覺地停止了。當時我甚至不知道呼吸是停止的，因為心中對塵世沒有什麼眷戀，所以對身體沒有任何的執著。就是那個時候，我的意識對所有執著於五蘊的心思說再見，就好像焊接的火光溶入水中、如同雪花掉入火缸，所有的執著與三毒心都脫落了。

那時，我太太正在煮飯做早餐，感受到有未知的事情正在發生。她打開我房間的門走了進來。當她看到我時，彷彿我已經死掉。在驚慌中她叫了出來，用盛飯的木勺拍打我的臉（飯粒這時還留在木勺上），當時，我已經脫離所有對身體以及塵世的執著，只有明瞭的覺性是清楚的，我似乎聽到遠方傳來她悲傷的哭喊。當她的哭喊聲傳來時，我升起了強烈的的憐憫心：「啊，如果我不能處理她的悲傷，誰可以處理呢？」這時身體開始恢復意識。

在那個體驗以後，我對所有的貪產生了正見，對食物的欲望消失了，想睡的念頭不見了，對性的欲念也消失了。即使是行走在路上，我的兩腳好像沒有踏在地面上，而似乎是走在雲上。有一天，我到釜山的食街強迫自己產生對俗世食物的貪欲，面對各式堆得高高的美食，我卻沒有任何的胃口；然而，為了想再度激發我對世界的眷戀，我開始不情願地一小塊一小塊吃那些我實在是不想吃的東西，但是它們仍然激不起我的興趣。

如果有一個人，已經完全放下對身體的執著，卻因為廣大的菩薩願力回到這個世間，那就好像這人在一個沒有用過、非常純淨的水中沐浴後再回到糞坑一樣。你認為你做得到嗎？幾乎每一個在純淨水中沐浴過的人都想要直接升到天堂，只有極大的願力才能夠讓這件不可能的事變為可能。只有大乘菩薩才會秉持對眾生深切的慈悲，以及濟渡他們的強大願力而再度回到人間。

禪師與客的問與答

● **客　問**：師父，您個人有什麼樣的貪欲嗎？

● **禪師答**：我有三種貪。第一，我有讓所有世間眾生逃離苦難的貪。第二個貪是把眾生從死亡中解救出來。最後，我有讓所有眾生快樂的貪。它們是如此巨大的貪。最近，我在深夜接到一個電話，一位從他處取得我的電話的佛教徒想要在黎明時自殺，就在那時她打電話給我。我在電話中和她東談西談，最後發覺快要到早課的時間了。雖然我整個晚上都無法闔眼，我卻是很高興去做那三件事的。真正的快樂來自於他人的快樂；當別人快樂時，我也變得快樂。

煩惱妄想升起如熱氣沸騰

在修行中的人中，有很多人會這樣哀嘆：「我很沮喪，因為煩惱妄想像沸騰的熱氣一樣升起來。」有一位修行者問師父：「要怎麼做才能去除煩惱妄想，然後達到無念的境界呢？」

師父作了這樣的開示——

當三毒心像沸騰熱氣升起來的時候，觀察它們。如果你好好地觀察它們，你會發現觀察者從來不會沸騰。《楞嚴經・五十陰魔》的核心是「不把任何境界當作自己。」即使三毒心升起，那也不是你。當觀察心的時候，要遠遠地觀察，就好像你在看別人的東西，而你是不感興趣的。接著，你會了解觀察者從來不會沸騰。當你是脫離的，便能脫離苦難和痛苦。「不認同」表示不被牽著走，這是保持自己是一個完全的觀察者的正確修行方式。如果你把境界看成你，那就永遠不能期待從苦難和痛苦中解脫。這是虛空的本質！如果你不把任何東西看成自己，每一件事物（森羅萬象、頭頭物物）便在當下獲得自由。

甚至，請不要努力嘗試避免被煩惱妄想干擾，因為「努力嘗試」表示你已經承認煩惱妄想的存在。如果你把每一件事看成是夢，不管發生什麼事，那就只是夢一場。當你從夢中醒來，它們就消失了無痕跡了。雖然你沒有從夢中醒來，它們也完全不是真的。請把每一件事情看成是夢、或煙霧、或露珠、或回音、或閃電、或陰影、或空花、或泡沫、或幻象。

看的人是獲得自由的人，是沒有問題的人，是不受阻礙的人。

最簡單的修行方法是覺察一天中最快樂的時刻，然後反思那個當下並好好地培養它。當你感到快樂的時刻是二元對立的心態不見的時候，而且煩惱妄想減少了。如果你的心是渙散且充滿三毒，那麼苦難和痛苦就會隨之而來。快樂來自一個空且不受阻礙的心。

最簡單的修行方法是覺察一天中最快樂的時刻。
◎照片提供／無事三姐妹

我們通常會認為無念是「念頭不起」。請好好地深思一下，一個「有相」的存在，即使在剎那中也從不會停止不動，因為每一件事物都是無常的。同樣的，想法或念頭在我們內部升起，無法被片刻停止，停止意謂固定不動，那是不可能的。你看過大海的波浪有停止的一刻嗎？風從不會讓水靜止不動，然而風卻無法撼動水的本質。

如果是這樣，那麼「無念」是什麼意思呢？

無念是要了解升起的念頭本來就是空的。當陽光照進房間時，我們會看到很多灰塵，即使如此，但空間還是如如本然。如果我們試著清除每一粒灰塵，我們會發瘋的，讓灰塵就是灰塵吧！你有看過虛空因為一片灰塵揚起來而發怒嗎？我們不是塵埃，不管有多少塵埃飛起，「永不被干擾的人」是「我」。即使無數的妄念從空性升起，那也完全不是問題。煩惱妄想不是我，但它們升起的根源是「我」。如同風無法干擾陽光，煩惱妄想不會干擾我。

菩提本有，不須用守；煩惱本無，不須用除。

——法融禪師

禪師與客的問與答

● **客　問**：讓煩惱妄想安息與守戒的關係是什麼？

● **禪師答**：首先首我們應該了解什麼是煩惱妄想。一般來說，我們認為每一個升起的念頭都是煩惱妄想，但那是完全不對的，只有不正確的念頭才是煩惱妄想。所以我敦勸你要除去邪見，因為邪見會帶來痛苦與苦難。我的意思是，「不要產生三毒以及五欲的邪見」，我不是指「不要產生念頭本身」。在這方面，沒有人說得像佛陀一樣多，也沒有人思考得和祂一樣多。如果你的思維和佛陀相應，念頭永遠不會干擾與折磨你。一個關懷及協助他人的思維，會讓你快樂與興奮。

正思維是破除煩惱妄想的念頭，如同斬斷煩惱的智慧的劍，因為帶領你前往正路的不是煩惱妄想。此外，無念不是去除任何念頭，而是斷掉不是真理的念頭。就像一個在白天做壞事的人在晚上無法安穩入睡，有諸多煩惱妄想的人，表示我們還沒有正確地生活。如果秉持八正道過生活，我們的心永遠不會起煩惱妄想。最後，守戒能讓你過正確的生活，同時，你的煩惱妄想就會更少了。

修行最好的方便法就是信心

來到弘誓院拜訪的人裡面，總會有一些人要求師父給予適合其修行的方便法門。事實上，對這樣的要求，師父經常是默不回應。為了讓這些提出要求的人閉嘴，師父反而會跟他們說：「請你們給我可以生起煩惱妄想的方便法門。」（所有的方便法門都是去除煩惱妄想的，但是因為師父知道沒有煩惱存在，所以師父請他們給生起煩惱的方便法）為什麼師父不要像其他師父一樣教他們參話頭、念佛或打坐，而只是一直教大家三皈依和守戒律？我們跟著師父學習了將近十年，現在才對師父教導的深遠意義有了一點點了解。

其實開悟最快的方法就是「放下」和「直入」！「放下」的意思就是立刻放下對三毒和五欲的執著；「直入」就是相信我們自身就是佛，直入我們的佛性！只有為道所癡迷的人才能得到最好的道。佛陀說：「你不是死亡或受苦的存在，你是一個快樂的存在。」如果我們相信這樣的教導並且直入本心，所有的修行次第都會消失不見！

儘管已經開悟的人說我們不需要做什麼，然而如果我們還是苦惱著「為什麼什麼都不用做？」時，那就是很大的煩惱妄念了！就像已游在水中的魚仍在找水一樣。假如我們有大信心，就能過真實的生活。但是我們常花力氣在徒勞無功的修行，所以有時這樣的努力反而阻礙了開悟。真理的世界已經是圓滿俱足，我們需要的只是大信心，並且生活得快樂。快樂是我們自己所創造的。一個人即使還沒有開悟，但他總是很快樂，他這顆快樂的心本身就可以幫助周遭的人。

人們要求給予其修行的方便法，但就算告知了方法，也很少有人真正照所教的去修行。如果有人百分之百、很明確地、真的想要得到開悟，那他此時此地就可以立刻開悟。有些禪師堅持頓悟頓修，但諷刺的是，他們讓大家修行的方式卻是無頭蒼蠅式的東奔西忙。然而「道」並不是藉由做什麼事所能了解的，反而是「放下」的當下就得到了。即刻放下三毒和五欲，就是修行，且是唯一修行方式。

因此，我們需要的是一種完全接受、完全戒除與完全放下的態度，而不是還要去知道什麼。就像看別人很興奮地玩雲霄飛車，你也一時興起跟著去玩；但如果突然間失去了信心而感到焦慮了，那你就是個傻瓜！一旦你上了雲霄飛車，就只要去玩，不要多想。只要信任，繼續前進！真理在大捨與大信心下即能當下獲得。

假如是這樣，那我們為什麼還要每天禮佛並且恪守戒律呢？這是為了培養佛的習性。藉由一次又一次地放棄世俗的習性以培養佛的習性，這是一種從報身的角度來修行的方式。當這樣的修行已達百分之五十以上，那時候開始就會變得很簡單。所有的事物都是我們的心所創造的，所以我說發菩提心很重要！如果我們很堅決地要達到如佛陀所成就的最大開悟，那我們是絕對

所有的修行就僅僅是懺悔、感恩、發願與回向的心。（圖為禪師們在完成三年閉關、走出茅篷的那一刻。）
◎照片提供／天真法師

會成佛的！如果有人即使在夢中都還能守持戒律、生起慈悲心，想著佛法、傳播佛法，那他們是修行得很棒的！

本來呢，就沒有死亡！但是因為我們以為「這個身體就是我」，對我們的身體產生執著，所以死亡存在了。若在日常生活中感覺身體很重，那都是因為業報的關係。五蘊本來沒有重量，但因我們的無知和迷惑，讓身體感覺像千萬斤重。我們愈能覺知空性，就愈感覺不到身體的存在。而經文中說的「舊來不動名為佛」，這個「不動」是「停留在那兒不移動」的意思嗎？

不是的。「不動」是說不要離開空性的心或不二的心。當一個人了解了「空」，他應該就有能力運用「有」；當一個人了解了「有」，應該就能夠運用「空」。例如，當我們擁有這個身體但卻感覺它好像不存在的時候，我們就可以更進一步地為一切眾生發慈悲願力。反之，當我們感覺身體很重且生病的時候，我們也可以去覺知空性。終歸來說，所有的修行就僅僅是懺悔、感恩、發願與回向的心。

有一天，來了一位女佛教徒，她說她已經準備好為道做任何事，所以我就要求她首先要不吃肉和五辛類的菜蔬，她說她做不到！那表示她無法放下任何事，她連最基本的都無法捨棄，要如何修行？

沒有為道而放下一切的人，就只是努力做一些表面上的修行。即刻放下就能即刻得道！事實上，我們的心充滿了對這個世界的眷戀以及對三毒和五欲的執著。然而，我們卻沒有觀察我們的心，借著修行口實膨脹自我。假如我們想要消除煩惱妄想，並從死亡與受苦之中解脫，首先一定要徹底的守好戒律。如果三毒和五欲仍經常在波動，那我們就無法看到不生不滅的自身。

當「戒學」圓滿了，「定學」與「慧學」自然會自發地跟著完成。就像如果不學九九乘法，就無法處理微積分方程式的問題；假如真理不是奠基在戒律的堅實基礎上，我們是永遠無法成佛的。所以一個不守戒律卻想要開悟的人，就跟不學九九乘法表卻急著要解答微積分方程式的人一樣，是愚昧的！

禪師與客的問與答

●**客　問**：我們一定要打坐參禪才能開悟嗎？我們不能透過祈禱來開悟嗎？

●**禪師答**：我們一般說的「祈禱」的概念，是一個錯誤的想法。真正的祈禱是了解我們在真理的世界中沒什麼需要增加或減少的，換句話說，就是一切事物都已圓滿俱足。一個知道沒有痛苦、沒有死亡，只有永遠的快樂的人，他只會感恩三寶、讚歎三寶。從這個方面去領會，並對三寶只有感恩與讚歎，那才是真正的祈禱！在這世界上，只有佛陀解決了死亡的問題，並進入永恆的快樂——涅槃。因此，我們自然會對佛陀、佛陀的教導以及傳布佛法的僧侶及善知識們充滿感激。

我們應該要祈禱能夠永恆的快樂，不再死亡與受苦。真正的祈禱不是祈求兒子能進入大學。這個世界運作的法則是：你播種什麼，就收穫什麼。所以我們要能照顧好自己的所有事情，靠自己的能力考上大學才是正確的。如果有人光靠祈求就能夠上大學，你覺得這樣對嗎？像乞丐那樣的乞討，這不是真正的祈禱。

第三部

如是我聞

那一年在韓國被棒喝的日子——香板降伏妄心

◎吳曉柔

《金剛經》裡頭很常提到「去我執、去妄念」，但我始終不明白如何去我執去妄念？那到底是什麼？又要如何去除？於是我問禪師什麼是妄念。

禪師說：「過來，趴下去。」（啪、啪、啪！禪師拿香板打我肩膀，然後問我懂了沒。）

我心裡頭想：「我問什麼是妄念？而您拿香板打我，還問我懂了沒？」

當時我懷疑是不是自己英文能力不好而聽錯了。

禪師看我沒反應又說：「你不懂，再趴下。」（然後啪、啪、啪！又繼續打我……。）

禪師說：「起來，懂不懂？」

我心想禪師打我兩次還問我懂不懂，這究竟是怎麼一回事？而禪師怎麼知道我不懂呢？

禪師又說：「你眼睛朝上就是不懂。」（因為我在想事情的時候，眼睛會不自覺的朝上頭看。）

禪師說：「當你在想的時候，那就是妄念、就是妄想心。」

當下我似懂非懂的，然後禪師又問：「懂不懂？」

我立馬點點頭。但其實我不太懂禪師的意思。

接下來就開始我每天問問題，每天都被打（棒喝）的日子。

一日我問禪師：「娑婆世界在哪裡？」

「過來，趴下。」（啪、啪、啪，又開始打我了。）

禪師問：「懂了沒？」（我心想怎麼又來了，我的問題不一樣耶，怎麼

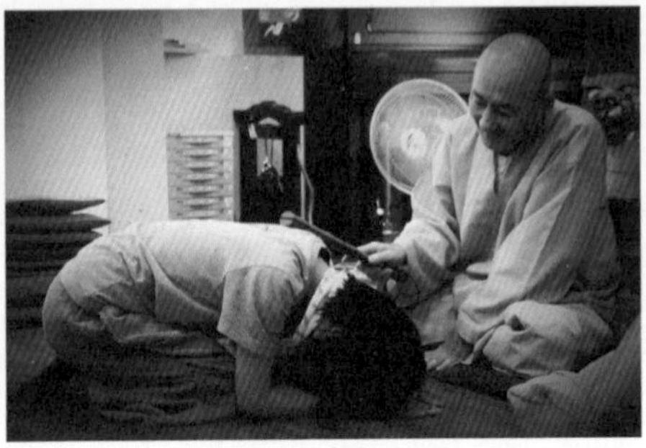

感受香板打在身上的感覺，體會什麼是妄念，什麼是真實。
◎照片提供／鄭鈞鴻

會同樣打我呢？）

禪師看我不懂，就拿打我的香板問：「這是什麼？」（我心想「這是香板」，但這一定不是禪師要的答案。於是我沒回答。）

禪師說：「趴下」。（我又繼續被打）

打完後禪師拿著香板又問：「這是什麼？」

我故作聰明地回答：「竹子！」（因為那香板是竹子做的。）

禪師說：「不對。」

「哦，那是香板囉！」我很心虛地小聲應答著。

那時四周很安靜，禪師非常專心地看著我，周遭沒人出半點聲音，好似在等待什麼判決似的……。

「不對。」禪師的聲音劃破了那寂靜。

「這是可以讓你離開娑婆世界的東西。」

聽完，我傻了，真的是傻眼了……，腦筋一片空白。

禪師接著說：「娑婆世界是用妄想心組成的，阿彌陀佛的世界是用願力心組成的，當你在妄想的時候，就是在娑婆世界。」

禪師又問：「當我打你的時候，你在做什麼？」

「沒做什麼，只是感受香板打在身上的感覺。」我滿臉疑惑地如實回答。

禪師說：「那就對了！」（……，當時的我似懂非懂。）

回台灣跟朋友分享被禪師棒喝的經驗，一日突然明白我的問題其實不在於如何去除妄念，而是我根本連什麼是妄念都搞不清楚，總覺得那叫做自我對話。其實只要心不是在當下做當下該做的事情，而住著於過去或未來時，這些都是妄念。所以當禪師問我懂不懂的時候，內心開始思考「剛剛禪師為何要打我，我等一下該如何回答」當時的心早已經跑到過去和未來的妄念之中了，所以也就是活在娑婆世界的妄心裡了。

感恩禪師用香板讓我當下體會什麼是妄念，什麼是真實。

●節錄自香港溫暖人間雜誌〈無事三姐妹專欄〉

坐著不動也能慈悲？

◎王慧芝

二〇一四年十一月，我的好友曉慧、曉貞及曉柔，這「無事（吳氏）三姊妹」為了接待韓國無無禪師和其弟子天真法師、玄玄法師，以及香港常霖法師到花蓮兩天的行程，請我和室友莎提供意見。雖然當時不認識這些師父，但總希望來客能有一趟愉快、舒適的旅程。於是，我和莎去借了車，搜尋素食民宿、有機素食餐廳，場勘旅遊的行程路線……，希望讓朋友和師父們感覺自在愉快。還好，整個的安排讓大家開心滿意，住宿環境很清淨舒適，餐食也乾淨、能量飽滿；花蓮的風光、太魯閣的壯麗，令人心神舒爽，算是賓主盡歡了！然對我而言，在短暫相處過程中，禪師與其隨行弟子展現的親和、自在，與令人安定和感動的一股強大力量，更讓我印象深刻！

聲音的力量

太魯閣峽谷的水石之美鬼斧神工，非能出於人為之手！沿途除了讚歎、拍照留影，無無禪師也要我和莎對著山歌唱。莎是魯凱族的姑娘、嗓子是天生的好，唱起歌來嘹亮又好聽，請她唱歌自然是好！但相對的，我的音域窄，聲音又扁平，嗓子也拉不開，就是沒那麼有信心，但奇怪的是禪師還是要我們一起唱！對著山，誠心地唱！原來，聲音的能量與頻率，有些會喚醒人的覺性，有些會讓人沉淪。而聽著禪師在祥德寺塔上對著山的梵唱，我覺得那是一種為眾生深深的禱告與祝福！

空性的智慧與慈悲

進到祥德寺參訪，禪師要我們注意出入口上方的題字：「不二門入，得般若；解脫門出，得自在」，還要我們注意大智文殊師利菩薩與大行普賢菩薩之次第。提醒我們文殊的智慧必在先，了解般若空性，後自然能起普賢行。若無文殊的智慧，一切行很容易有煩惱障礙。有般若智慧的空性，即使只是坐在那兒呼吸著，什麼事也沒做，卻也能慈悲利益一切眾生。

說真的，我當時有點愣住了！我只能理解般若空性與慈悲方便如飛機之兩翼，不可偏廢，但只是坐在那兒什麼也沒做，卻能慈悲利益眾生？這似乎離我很遙遠。幾天後，我們到烏來見禪師，坐在他身邊，自己從內而外有一種很安穩、無念、無為的安定感時，我突然發現，禪師什麼也沒做，但我覺得領受到很大的慈悲！

那時我在慈濟基金會工作了十幾年，見苦相多，自己能做的有限，於是逐漸在心裡累積起相當大的悲憂感與深感無奈的壓力，日積月累下，漸漸提不起精進心與工作的動力。禪師提醒我，若沒能先有空性的智慧即貿然慈悲行，只是增長我慢，自我愈來愈強大，那不是真正的慈悲。真正的慈悲不拘形象與形式，若一定要以特定的形象或形式，特意去利益他人，有時如同頭上再安一個頭，過於負荷沉重了。

細膩的體貼

那一天，在前往靜思精舍參訪時，下起了很大的雨。我們撐著傘，在進大殿前脫了鞋，擺在殿前階梯上，傘也自然就斜立在前。當所有人進了大殿，我看到禪師一人在後面，微笑著、默默地將我們的鞋子移到大殿側面的台階上，然後將傘移過來，斜立遮住鞋子，讓鞋子不會被雨淋濕。當時，我感到一陣的慚愧與感動，慚愧的是，我進出精舍這麼久，卻在這一時刻沒有考量到這份對大殿的尊重；感動的是，禪師帶著微笑、靜靜地幫我們做了體貼細緻的處理。當我回頭不好意思地向他道謝，他依然笑嘻嘻地搖搖手示意「沒事！」

當禪師與無事三姊妹離開花蓮回到烏來，在台灣的行程僅剩最後幾天，他們邀我們到烏來，把握因緣再聚一聚。盛情難卻之下，我請了兩天假，和莎在下了班之後搭火車北上來親近善知識。那一晚到了烏來，禪師與我們見面問候了幾句，便說：「今晚這兒住不下，曉柔幫你們訂了溫泉民宿，你們去那兒好好泡個澡、然後好好睡一覺。明天睡到自然醒後，好好地享用完早餐再來見我。如果我看到你們臉上還有倦容，我就不接見你們，要把你們請出去！」

哇！我只能「哇！」並感動於這位師父的體貼！

平等對待的尊重

在烏來小屋裡，我們只是坐在旁邊喝著熱熱的茶，聆聽師父與訪客的互動，有時大笑，有時靜靜坐著不說話，都能感受到很大的慈悲、自在與安定，

拜訪陶藝家陳九駱老師。
◎照片提供／鄭鈞鴻

彷彿經上所說安穩樂處的感覺

第二天，我們一同拜訪陶藝家陳九駱老師位在三芝的工作室，當天還有兩位法鼓山的法師前來與禪師見面。當師父們在談話時，九駱老師很熱情地拿出朋友送他的據說很好吃的餅乾招待大家，一人一包傳送過來，並熱切地招呼我們快快打開來享用。

我坐在負責錄影的玄玄師父旁邊，一邊聽著法師與禪師對話，一邊手上拆開這包餅乾。無奈這塑膠包裝發出很大的窸窣雜音，只要一碰觸，就是窸窣窣。想到旁邊在錄影，吃著餅乾感覺總不太適意，但是嘴巴還是沒有停下來……。突然，掌著鏡錄影的玄玄師父轉向我，將我的餅乾借了過去，起初我以為師父想吃，還是太吵了她終於忍不住制止……？

我看著她從口袋裡掏出一張面紙，細心地攤開鋪平在榻榻米上，然後將我的餅乾袋撕了開來，把所有餅乾都倒在面紙上，之後，師父把面紙連同餅乾推到我面前，以手示意「請用！」

當下我感動、慚愧，又感謝！玄玄師父沒有因為自己錄影的工作很重要而規範我暫時不要吃，反而很有智慧地，讓她的工作、我的享用皆得圓滿。我心裡想，這是無無禪師的弟子，弟子皆有如此的風度與智慧，可見師父的程度了！

兩年後的今天，有幸能前去韓國拜訪師父，與他們提及此事，禪師只是淡淡地說，每個人都會這麼做的！這是我很大的福報與學習，也希望我自己亦能如禪師所說——平等尊重地對待一切眾生，每個人都會這麼做的！

如何發起大悲心？

◎吳曉慧

八年前到韓國各大寺院踢館找「茶」，希望找到一個可以回答我如何以茶入道的修行人，在真正接觸了韓國的佛教後，本來很失望的要打道回府，結果在旅行的尾聲找到長期在深山閉關修行，當時仍默默無名的無無禪師

禪師見面劈頭就問我：「你來韓國做什麼？」

我：「找禪師！找開悟的人！」

禪師：「遇到禪師你如何分辨他是不是真的禪師？」

我：「禪師一定不會高高在上，而是很謙虛、看起來很不起眼的。」

禪師：「那你覺得我條件有符合你要找的人選嗎？」

我（遲疑了一下）：「……，目前還無法確定，因為我也沒有開悟，所以我也要像你觀察你的老師好幾年一樣地觀察你，才會知道你的程度。」

眾人：「哈哈哈……。」

從此之後，除了禪師閉關期間，也開啟了我每年從台灣到韓國「觀察」禪師的因緣。

二〇一六年六月到韓國短期出家二個多月，期間除了在廚房當香積，就是翻譯禪師的開示，以下是截取當時的一段問答記錄。

貞：「我每晚睡覺都做夢，想請問禪師也會做夢嗎？」

禪師：「我現在就正在做夢啊！哈！每個人現在都在做夢，我也在做一個要帶領你們走成佛之路的夢。每個人做的夢不一樣，你或許是做跟茶有關的夢，（哈）每個人都在夢，不同點是在於做什麼樣的夢，跟成佛有關的夢、或是苦的夢、或是做要利益他人的夢，在這個世界每個人都是做夢者，不同點只是在於做什麼夢而已。」

曉慧：「我今天翻譯一句『佛陀說祂再也不受生』，那禪師您還會受生嗎？」

禪師：「先把香板準備好！（笑）如果是你，你會怎麼做？」

曉慧：「我想禪師會帶著願力和悲心再來人間。」

禪師：「那還要看我要不要呢！不是你決定的，哈哈！如果是你呢？」

曉慧：「如果我可以決定，我還要帶著悲心願力再來人間。」

禪師：「很好，這是大乘佛教。」

曉慧：「所以這表示佛陀也有可能帶著悲心和願力再來人間囉？」

每個人現在都在做夢，你或許是做跟茶有關的夢……。不同點只是在於做什麼樣的夢而已。

◎照片提供／無事三姐妹

禪師：「佛陀是以三個層面回向來利益眾生：化身、報身、法身。但眾生只能看到化身。就像一個小孩違背父母的話，父母就說如果你不聽我的話，我就不理你；因為眾生不聽佛陀所說，所以佛陀就不示現化身。如果你想見到佛陀，你就要開悟。不過在你開悟前，你看不到慈悲的身影，因為佛陀就在這裡，但是你們看不到。」

曉慧：「禪師您這世的因緣，有可能是因為您上一輩子發的願力乘願再來的嗎？」

禪師：「一般我們不談前世，但每個人都有願力，如果沒有願力我們現在就不會出現在這裡，現在我們可以聚在一起聽聞佛法，那是願力的力量所展現的。每個人都有這種願力的力量，只是你自己不知道。所以你會怎麼做？」

曉慧：「保持大悲心。」

禪師：「你如何發大悲心呢？」

曉慧：「生生世世饒益眾生。」（笑）

禪師：「就算你嘴巴這麼說，你的大悲心還是無法升起。所以你要如何做到呢？」

曉慧：「不知道，但當我下午在翻譯〈無量心即是吾心〉那篇文章時，很感動，我第一次感受到我們的心真的可以是無量光、無量壽。」

禪師：「我們如何增加慈悲心呢？」

曉慧：「時常提醒或念經。」

禪師：「不是！第一個是必須消除自我。一開始你要知道你是誰，一旦你知道你是誰，你的大悲心就會升起。你試著想要增加慈悲心，但那不是真的悲心，如果你對空性有正確的了解，大悲心就會自然升起。」

曉慧：「所以我們要做的是開悟嗎？」

禪師：「觀你自己，最重要的就是要覺察你自己。正面的心可以讓慈悲心更大，負面的心只會讓慈悲心消失。（禪師捏自己的手）曉慧，你會感到痛嗎？」

曉慧：「不會。」

禪師：「那你捏自己的手會痛嗎？」

曉慧：「會。」

禪師：「為什麼？」

曉慧：「因為我沒有同體大悲。」

禪師：「因為你還有自我，對自己有很大的執著，大悲心就無法升起。當你知道你是誰後，了解了空性，不二、大悲心就會升起。當你的自我消失而成為『一』時，大悲心就會升起。當一滴水掉到大海裡，那才是大慈大悲，請以這樣來觀察你自己。一天當中，你會觀察自己幾次？」

曉慧：「有時記得，但常常忘記。」

禪師：「保持整天都要觀，一直觀察。不管你做什麼，觀你自己是最重要的，當你發現你的心是負面的，你要駕馭你的心；當你發現你的心要偷懶了，你就要去除懶惰，常常觀你的心，讓你的心是無量無邊的。」

花開隨行

◎林其豪／PCC 教練

師父修行的地方在韓國南部，一個叫做「花開」的小山城，那是一個風景幽美的地方，群山環繞，山谷中有小溪蜿蜒流向遙遠的地方。我們在二〇一五以及二〇一六的五月間拜訪。師父非常照顧我們，除了開示佛法，生活上更是呵護得無微不至，我們每天享受有機、營養、美味，而且「很多盤」的韓國食物。每隔幾天，師父還帶我們出去走動，欣賞韓國的風光。那是一段非常豐盛的心靈之旅，我們每天與師父及法師們相處，從生活細節中看到出家人平凡真誠、自在又自然的一面，讓我感覺到人生就應該是如此。每次回想到當時的點點滴滴，我心中都充滿感動與感恩。

禪師風範

二〇一六年第二次拜訪時，我們有幾位好朋友同行，因為寮房不夠，我們被安排在山坡下一間空房。

大概是平常沒有人住，房間的窗簾故障，無法完全遮蔽外面的光線，師父特別跑來蹲坐在地上，發揮當年裁縫師的本事縫補窗簾布。當我看到他一個人蹲在角落低頭工作時，心內有些震撼，畢竟這是一位在韓國大有名望、大家爭相來請法的大師啊！感動之餘，在沒有告知的情況下，我隨手拍了一張照片，其實不是很禮貌的動作，然而師父只是抬頭看我笑笑，那是一個溫暖和善的微笑，當下我感受到，大師是不會在意的。

師父認真專注地為我量血糖。
◎照片提供／林其豪、梅家仁

師父知道我的血糖偏高，每天都特別請法師們準備可以對治糖尿病的食物，包括桑葉、海帶、糙米……等，全部是有機食物，而且很多是生吃的。還有山竹茶，年輕的法師隨時「檢查」我們的熱水壺，一旦發現空了，就立刻換一壺給我們。

每天早課完畢後，在「前排」的師父就會轉過身來對我微笑，這時大家就知道他要幫我量血糖了。看到我的血糖指數往下掉，全體法師就顯得特別興奮，我完全了解他們是在為我高興。

雖然念念不忘我的血糖，但還是有例外的時候。

佛堂前有一棵大樹，當時正是黑莓的季節，看到黑亮成熟的果實掉落滿地覺得可惜，於是我順手撿了一些放入嘴裡，真是甘甜無比，這一幕給師父看到了，看我露出不好意思的表情，師父連忙揮手說：「ok！ok！」（這可能是他最常講的英文了）後來，法師就特別準備了一盤黑莓讓我們享用。

出家人慶祝生日嗎？至少對 Joyce 的生日來說，是的。那天，他們特別製做了一盤「生日蛋糕」（應該是韓國＋出家人的版本），那是一個用米作的、無蛋的蛋糕，在黃昏晚課後端出來讓我們享用。我嘗了幾口，馬上就發現沒有放太多的糖，出家人還是念念不忘我的血糖啊！

照顧店家生意

山城一年一度的茶葉園遊會是件盛事，師父特別帶我們去見識。當時已近黃昏，天清氣朗，山明水秀，師父寬衣大袍，一馬當先，我們僧俗二眾跟在後面，愉快地到處東看西看。

突然間，發現走在前面的師父停下腳步，用較高的音量向鄰近的攤家不知道在說些什麼。接著，那些顧攤的大媽大嬸們紛紛「離開崗位」，轉在一家冰淇淋攤前集結排隊，原來師父是扮演臨時銷售員的角色，向那些店家推廣冰淇淋。

出家人也推銷冰淇淋？

原來，冰淇淋攤的主人是師父的信眾，當天師父向她問候時了解到生意不是很好，心生不忍，於是立馬邀請旁邊的店家大夥一起來捧場，並且說明今天是師父請客。

在參訪寺院時，師父總是會到藝品店看看並且買些小東西，然後轉送給我們，每個人都有份。師父當然是不需要買那些東西的，他只是希望要照顧店家的生意。

出家人與眾生並不遠離。

華嚴寺覺皇殿的信女

華嚴寺是一座千年古寺，是一位國王所建造的，傳說國王的前生曾經是一位貧窮的老婆婆，對佛非常地虔誠供養，後來遇到一位比丘，期許她來世建造寺廟來供養佛陀。所以當她成為國王後，憶起這段因緣，就建立了寺廟，名為華嚴寺。

當我們參訪時，寺內有一位年紀大的女眾，大概是來幫忙的志工吧，我

禪師照顧信眾的店家生意，邀請大夥兒捧場吃冰。
◎照片提供／林其豪、梅家仁

師父邀請我們和華嚴寺的女志工合影，讓她覺得歡喜。
◎照片提供／林其豪、梅家仁

們在問訊頂禮後，發現師父一個人跑去和那位女眾親切交談，並邀請我們和她一起合影。

韓國人對出家人很尊重，遠遠看到都會合掌行禮，我們好奇，為什麼師父對那位女眾志工特別關心呢？師父說，他看到那位女眾，就覺得那是一位非常虔誠的人，他希望和她多談談，讓她覺得歡喜。

那是二〇一五年的事，當我們二〇一六再度造訪時，已經沒有看到那位女眾了，我沒有多問，只是心中充滿祝福。

往生的老鼠

寺裡有一位特別的常客，是鄰戶養的一隻可愛的小狗，看到人就會高興地搖尾巴，然後躺在地上翻滾。牠每天都來報到，當我們在凌晨做早課時，牠就安靜地伏在門口，和我們一起聽經聞法。

早課結束後，我們排成一個縱隊，慢慢地沿著小路走到溪邊，接受清新的空氣與大自然的滋養，小狗也是忽前忽後地跑跳，非常高興。

有一天，大家在行進時，看到小狗突然停住，不知道在地面上聞什麼。師父見狀趕快走上前去探看，原來是一隻往生的老鼠，師父輕輕地用雙手把它捧起，放到遠遠的草叢裡。

師父說，一來不希望小狗玩弄老鼠遺體，有失恭敬心；二者，小狗其實在寺院裡都是素食，他擔心小狗「破戒」。

送行

二〇一五年回程那天，頂禮告假完畢，師父以及全體法師們要一起下山送我們到長途汽車站。

在公車車站，出家人變為有情眾生，先是「關說」該站的站長，要特別照顧我們，然後，一再叮囑我們到首爾後，要如何運用她們精心為我們所製作的韓文小抄來問路……等。

法師們在光州火車站向我們揮手道別。
◎照片提供／林其豪、梅家仁

公車還有二十幾分才來，時間還多，出家人難得有空，於是陪我們四處照相留念，並介紹當地的風土人情。

車子來了，年輕法師第一個跳上車請司機特別關照我們。

公車緩緩退出小站，開上大路，我回頭一看，幾位師父還是站在原地向我們揮手。

我想到第一次到韓國時，師父擔心我們地方不熟，特別請楞嚴法師來迎接，他大清早就出發（大概早課也沒有做），先搭三個多小時的公車到首爾，再轉搭地鐵以及計程車輾轉來到旅館接我們，接著在首爾最繁華的鬧區進出大街小巷為我們尋找素食餐廳，然後幫我們看韓文菜單、點菜，對一個來自山野、素樸的出家人來說，這些真是太為難了。

二〇一六年回程時，師父也是「全寺出動」，為了確保我們可以趕上飛機，他們開了一個多小時的車載我們到光州搭火車。火車開動時，師父以及法師們在月台上向我們揮手道別，看著他們漸漸遠去，我內心充滿感動。

修行人的意境或許不是我所能夠體會，但是他們對於人的關懷真的是令人難以忘懷。

結語

在韓國停留的時間短暫，除了領受佛法的教誨以外，師父「慈悲」、「平等」、「和善」、「恭敬」的風範更經常讓我回味不已。

如果師父和我一樣生活在紅塵，他會如何待人處事呢？

我想，對於世間的遭遇，他可能和我一樣會「有悲有喜」，但我確信他是「無憂無怨無悔」的。

這是我一直想做到的境界啊。

不二的慈悲

◎梅家仁／MCC 教練

二〇一四年秋，我與先生、女兒帶著求法的心與一本《楞嚴經》，到烏來山上去見無無禪師。第一次見到禪師，就被他的法所震撼，他是那麼的堅定有智慧，會用很多的譬喻言詞反覆告訴我們追求不二智慧的重要。我們在說法的房間裡，一點也感覺不到烏來山上的寒冷，只感受到法喜充滿。

那時我就下定決心，我要在第二年生日的時候到韓國跟禪師學法，也算是我送給自己六十大壽最好的生日禮物。

第一次體驗不二的慈悲，是在我們冒失的要求在次年五月拜訪禪師，而禪師慨然允諾時。其實拜訪的時間是師父閉關修行的時間，當時天真法師還告訴我說，師父應該不會答應，但是沒想到，玄玄法師進房問師父後，師父帶著笑容說：「ok！ok！」我心中的那塊大石頭才放了下來。在這個小小的事件裡，我看到師父對於陌生人的慈悲，師父常說學法要有「真誠的心」，也許他看到我們的真誠，所以即使打攪了他的清修，他還是把「利益眾生」放到第一位。

跟師父第一次的接觸，讓我清楚的知道追求「不二的智慧」是走往開悟之路的最重要方向，這是在過去二十多年學習佛法的過程中，沒有人指點過我的。而這清楚的方向，對於我而言，是非常重要的修行突破，我好像在黑暗的通道裡，突然看到前方的亮光。

韓國求法

二〇一五年五月我們夫妻很開心的出發前往韓國，第一次到韓國，完全不清楚方向，師父住的地方又離首爾有五小時的車程，心裡也很擔憂到底如何去找師父？

師父好像知道了我的想法，叫我不要擔心，他會派楞嚴師父來接我們。到首爾的第一晚很平安的度過。第二天早上，我們準時到樓下，果然看到年輕的楞嚴師父揹著一個大背包，已經在大廳等我們了。

第一次到韓國，楞嚴法師專程花了四、五個小時前來首爾接我們。◎照片提供／林其豪、梅家仁

我們問了楞嚴師父是幾點起床與出門，才知道他從凌晨兩點鐘起床，早課完就出來了；原來他已經上路了四個半小時，為了讓我們吃有機素食的午餐，師父交代楞嚴師父要帶我們去首爾唯一一家有機素食館，又幫我們訂好了回去時要住的旅館，離素食館不遠，讓我們知道如何從地鐵到餐廳、再走去旅館。旅館門口就有直達機場的公車。師父的考量非常的仔細，讓第一次來到異鄉韓國的我們備感溫馨。我想換成我是主人的話，我應該不會考慮的這麼周到，我好奇「這是什麼樣的心念與驅動力呢？」

身教

在韓國的十天，我跟先生最大的學習除了佛法，就是師父的身教了。從第一天接待我們，處處看到師父的用心，到了師父修行的地方，他親自來幫我們提行李，十天的行程安排，每隔兩天就會有出去「玩」的時間，有時去溪邊，有時洗溫泉，有時拜訪寺廟。我問天真法師：「你們平常就常常這樣出來玩嗎？」法師說他們平時都不會出來。我這時才恍然大悟，原來師父為了我們的快樂，放棄他自己的修行時間。

讓我感動的事情說也說不完。在台灣跟師父雖然只有兩面之緣，早課卻看到師父將我們的名字都寫在大殿上懸掛著，每天回向給我們。到廟裡參訪時，師父也幫我們準備好了供奉的香油錢，路上有善男信女想跟師父照相的，師父馬上就擺好姿勢，讓大家拍照；而每次拍照，師父不是在正中央，反而站在最旁邊。有一天我們終於忍不住了，問師父為何他每次照相都站在最旁邊？他說因為他要保護我們。這不二的慈悲，我跟在師父身邊，隨時可以看到的。

還記得在華嚴寺參訪時，我看到師父東逛西逛，東買西買，我問天真法師：「師父為何那麼愛買東西呀？」法師回答：「師父是因為這裡地處偏遠山區，生意不好，所以想要照顧他們的生意。」我聽到這答案，一方面為自己無知的假設汗顏，另一方面更為師父隨時展現的平等不二的慈悲精神所感動！

依教奉行

從韓國回來，我想唯一可以報答師父的方式，就是依教奉行。師父要我們吃有機素食、守五戒（不殺生，不偷盜，不邪淫，不妄語，不飲酒）、做利益眾生的事情，再加上早課。在韓國，我們早課有九十分鐘，但我因為工作繁忙，不想承諾師父又做不到，於是問師父：「早課可以縮短為三十分鐘嗎？」師父用一向的真誠自在，快樂的回答我們：「ok！ok！」我在師父

照相時師父會讓出中間的位置，自己站到旁邊要保護我們。
◎照片提供／林其豪、梅家仁

身上永遠有學習不完的慈悲與智慧，我也知道這是真正開悟的法師才會有的行為展現。

這兩年，除了奉行早課、每日祈禱、吃有機素食、持戒外，師父還讓我翻譯天真法師與玄玄法師在韓國寫的書。兩年來跟隨師父的教導，如果說我的修行有任何進展的話，應該就是「放下」與「慈悲」了。我現在比較不容易生氣，也不會有太多的評斷，「我」的部份，好像真的小多了，在打坐時也經常會感受到內在光明的空性。真正的我是誰？我也經常問自己，提醒自己要經常的展現那圓滿、恆常的自性。當然，師父給我們的目標是走向開悟、了脫生死，我也希望在有生之年可以做到。每日的早課、晚禱，我不斷的祈求：

祈求師父常住世間、法體康泰、法輪常轉，

也祈求一切眾生都能夠脫離生死苦海，走向開悟的道路！

第四部 台灣行腳開示

●●●——二二二

單翼如何飛翔？——談慈悲

二〇一四年十一月，當師父拜訪台灣一個發展蓬勃的慈善團體，他給了以下的建議——

慈悲心很重要，但真正的慈悲是開悟後的慈悲。讓所有佛開悟的是文殊菩薩，文殊菩薩是所有佛的老師，在認識文殊菩薩之前的慈悲行是假的。昨天，我們參訪了祥德寺，你去過嗎？那裡有二個門，你經過了哪道門？我們先從「不二門」進入，表示我們需要先自覺文殊菩薩的智慧。當你過了不二門後回頭看，你可以看到「般若」二個字在上方，文殊菩薩的智慧就是般若智慧。過了那個門，我們接著先看到的是彌勒佛，我們都是未來佛，我們就是彌勒菩薩。

我們在開悟前需要先得到的是文殊菩薩的智慧。當然，沒有哪個國家的人實踐慈悲行實踐的比台灣好，但你要思考少了什麼？文殊智慧、般若智慧、空性的智慧。如果你不知道「不二」，你就無法成為彌勒菩薩。為了成佛，為了開悟和永恆的喜樂和自由，你要先有智慧，再來才是慈悲。我們要更深層的思考還有什麼是我們不足的？

什麼是「不二」？意思是現象是假的、是虛妄的，每個存在都不是真實的，不要接受每個存在是真實的，即使是一剎那也捉不住的。

你應該知道「我」是空的，沒有實體的，不要認為真的有東西可以永遠的存在，要覺察空和無礙的空性，覺察完美的空性，這樣的覺察就會顯現慈悲。

只要你還有「我」的意識，即使你有慈悲，那都不是真的慈悲。即使你做了美夢，但夢終究只是夢。在文殊智慧顯現時，真的慈悲就會顯現。我們在祥德寺看到這些，除非你找到不二、全體、空的自己，否則你無法親見彌勒菩薩。雖然你們都有美善的心，但你們少了第一件重要的事——不二的智慧。

在韓國的傳統寺院，釋迦牟尼佛的左右二邊是文殊菩薩和普賢菩薩，這是為什麼我們要透過形象去傳承佛陀的正確教導。如果我們沒有文殊和普賢雙翼，我們無法開悟。當我們有般若智慧和慈悲方便，我們就可以像釋迦牟尼佛一樣的開悟見性。如果要由開悟而得到永恆的喜樂和自由時，第一我們要先有無礙的空性智慧。任何的自我都不能存在，只有不

二、全體的我、不二的我。當我們有這樣的心，我們就可以成為彌勒菩薩，那你的慈悲行就等同於觀世音菩薩和地藏菩薩。如果你沒有智慧，即使你實踐了很多慈悲行，你還是無法得到真正的自由和喜悅。

第一件要做的就是先找到你自己。你無法碰觸到真正的你，它沒有形式和形狀，無法被證明或展示，是完全的空、無礙、通。全體的我、不二的我！這才是你，真正的慈悲不是經過努力得來的，我希望你可以知道真正的愛和慈悲不需要任何的努力且永遠不會被摧毀。

接著禪師再給了以下的建議——

如果你去印度，那裡有個那爛陀大學（Nalanda University），這大學規模很大，現在人們還在挖掘中。當時來自全世界偉大的學者聚集在那裡學習，但現在那爛陀大學如何了呢？全部都不見了，如果你真的想要永恆的自由和喜樂，你應該要追求不滅。

我很開心在台灣看到這麼美善的你，你已經知道《金剛經》，到目前為止，我所說的都是關於《金剛經》，這是文殊菩薩的教導，智慧的教導。如果你把自己看成一場夢，就會有如何看待這個虛妄世界的智慧，執著就會消失，智慧會顯現。雖然我們有無限的可能性，但自我是不存在的，我們的自性什麼都可以做，但沒有靈魂，如果你承認自我或靈魂，那就無法跳脫痛苦了。我們可以丟掉一些無法利益世界（負面）的相，但要丟掉慈悲相真的很難，我希望你的完美的慈悲能回向給完美的空性，我希望你可以在完美的空性中種下慈悲的種子。如果不是在完美空性中的慈悲，那就會產生很多問題。

所有功德中最好的功德就是完美空性的功德。

煩惱妄想是開悟最好的材料

在台灣的時候，除了外出時間，我們通常都是自己煮食。一開始時，玄玄法師煮午餐，曉柔則負責準備食物。有一天，常琛法師和她的幾個信眾要到烏來看我們。那幾位信眾跟著法師學習書法，當寺院有特別來賓來訪時，他們也是香積志工。在到烏來之前，有一位信眾和曉慧通電話，詢問如何解決韓國法師的用餐問題，聽了曉慧說就她們三姐妹負責煮食，她覺得很訝異，以她對三姐妹的了解，覺得法師好可憐，受到的待遇也太糟了吧！於是她們決定到烏來親自為師父下廚。

某天，她們與常琛法師一同前來，還帶了一些有機蔬菜。她們非常真誠，也很認真地張羅一切，然而唯一的問題是曉慧忘了告訴她們，禪師是不用晚餐的！她們很失望，但還是為禪師準備了蔬菜濃湯。看她們感到失望的樣子，禪師就稍微嘗了她們所準備的每一道菜，希望她們可以安心的用晚餐。

晚餐後是教導時間，她們已經做了很久的志工，持續在布施，所以心地都很純淨真誠。在教導時間，她們很坦誠的提出問題，禪師也用佛陀的教導讓她們凝重的心情變輕鬆。第一位提問的女士在提出問題之前，看到禪師時就幾乎要哭出來了，從她開始，當天幾乎來訪的每一位在聆聽禪師的教導時，也都哭了。

其實，大部份到烏來的幾位會眾在聽完教導後都哭了。一開始，三姐妹覺得也許只是少數幾個人，但後來看到大家都哭了，她們就在禪師開示以前先準備好紙巾，讓大家傳遞下去。

第一位女士用真誠的心提問：「我已經修行了一段時間，但還是有很多煩惱，而且好像迷失了方向。」

禪師看著她，臉上帶著溫暖的微笑，然後這樣回答：「妳沒有迷失，不

你沒有迷失，不管你往哪裡走，你會走向開悟。

◎照片提供／無事三姐妹

管妳往哪裡走，妳會走向開悟，而煩惱妄想就是讓我們開悟最好的材料，開悟最好的材料是妄想。沒有苦痛，我們無法從夢中醒過來，那些經歷過苦痛的人會最先被佛陀擁抱。苦難和煩惱、妄想是阿耨多羅三藐三菩提的資材。每當有痛苦和受難時，要覺得高興——喔，我離成佛更近了！煩惱妄想就是開悟，煩惱妄想就是開悟的清楚證據。」

接著，她承認這些日子晚上都無法入睡，眼淚又掉了下來。

禪師：「你很快就可以睡得安穩，常琛法師會用智慧帶領妳，她保有正見，她的見解都是真實的。當妳不能入睡、煩惱妄想升起時，要快樂，要想著『我正在向開悟快速前進！』這一點問題也沒有！就好像在真理的大海中做夢，佛有時也會無聊，所以祂會夢到一些煩惱妄想。如果每一尊佛都不夢到煩惱妄想，那這個現象界就不會存在，只有諸佛夢到妄想才會有這個現象界存在。佛啊！妳會醒來的，所以不必擔心，好好地做個夢吧。只有當妳有一個好夢時，妳才有可能解救妄想的眾生。

不存在的人利用不存在的事，這有什麼問題呢？利用並不存在的妄想，這多麼美妙啊！無論妳怎麼努力去找出妄想，妄想畢竟是不存在的。為一個不存在的妄想而流淚，是多麼美妙的事啊！

妳是好演員，但可不要太常哭。妳可以理解妄想並不存在。現在，妳是否已了解無論妄想如何升起都不是問題了呢？世界上每一件事都是開悟的資材，在成佛以前有很多妄想，但當妳成佛時，不管妳怎麼想要，妳就再也無法夢到妄想了。」

接著，另外一位的問題繼續：「我已經修行很長的一段時間了，但我都沒有讀經，現在，我想讀聖嚴法師的開示，但每次讀都覺得想睡覺，我知道是我自己不對，所以我就去做志工，而不是讀書。」

禪師答：「這個境界正是開悟的境界。聖嚴法師教導大家不要把問題放在心上，要安住自己的心。不要擔心，時間到了你就會讀經。在學校，沒有努力讀書的學生未來也可能成功。真理不在書本裡，而是在這個世界的生活裡，真理存在於實踐慈悲的行動中。」

第三位問禪師：「我不知道如何修行？」

禪師：「坦白說，我們也可以不經由修行而開悟。水中的魚不是因為學會游泳才知道水的存在，牠也不是因為努力嘗試才知道有水的存在。即使牠們沒有努力去嘗試，就已經在水裡了。不管妳是否昏昏欲睡，或是在任何境界，妳都已經在完全開悟的境界裡。」

接著她這樣回應：「我不知道開悟是什麼？」

禪師：「不知道本身就是開悟。即使魚不知道水，但牠已經很完美地在水中。妳已經在完全的自由之中，那是指不管是知道或不知道開悟是什麼的自由。嘗試獲得開悟是有病的。每一條魚都已經在水中，但如果有一條魚大聲地叫『我在水中！』那牠一定是瘋了。我們已經是完美俱足的，在《法華經》裡佛陀已經給我們這個教導了。常琛法師正在抄《法華經》，你可以去請教她。」

接著，第四位有點害羞地問：「我已經修行超過十年了，我的問題是沒有問題。因為在我心中有很多問題，但我不知道要問哪一個？」

禪師：「妳現在就問了一個很好的問題，不需要更多的問題了。妳現在就已經是根據佛陀的教導在實踐慈悲的行為，這就沒有問題了。妳落實慈悲，而不是提問題，所以你是沒問題的。如果妳開悟了，妳不需要問問題。當別人在討論真理時，妳只是閉起耳朵默默服務別人，是吧？」

接下來第五個問題：「即使我在打坐時，還是會害怕疾病和死亡。」

禪師：「執著於四大五蘊的是『我』，因此死亡就存在了。真正的本性是沒有死亡的。我們被生到這個世界，也為自己建了一間房屋，但我們錯把房屋當成自己。好好地觀察，妳是不死的存在，這個身體並不是妳。這個現象界是不存在的，它只存在人的妄想之中。我們真正的本性是無相的，觀察妳那空性且無任何罣礙的真正本性。即使我們沒有努力想出為什麼，我們已經是不滅的存在。即使我們是在受苦或害怕中，我們也是不滅的存在。即使我們再生、死亡、再度受生，無窮盡地，這些都只是發生在迷惑中，實際上它們從沒發生過。

「不要承認每一個現象都是真實地存在。如果有人承認現象的存在而使用它，那他就是愚蠢的；如果有人承認這如夢般的虛妄存在著而好好用它，那他就是聰明的；如果有人了解這些並不存在而加以利用，那他就是有智慧的。所有的現象都是由完全的空性所組成，所以，要去用不存在的，而不是存在的。不必去除現象，知道它們就像夢一樣地存在而好好用它們，這樣就沒有問題了。

「如果妳可以很長時間地保持這樣的覺知，妳就會了解虛空身。了解虛空身，妳就會開悟。要了解完全的空性，這是從虛空身獲得開悟最好的資材。只要了解虛空身，妳就可以了解妳是不滅的存在。就像這樣，如果用空性的智慧修行般若波羅蜜，妳就可以開悟成佛。我們的身體有很多層次，不要只承認最粗略的身體。對空性的覺知會把妳導向開悟，常琛法師會教導你們，不要擔心。」

最後，一位男士問了一個問題：「我已經很久沒有修行了，不知道如何修行？」

禪師：「如果你是為開悟而修行，你是無法如願的，因為你已經在開悟的境界裡。但是，如果你仍然認為你需要修行，那麼就用一個空性以及了無罣礙的心來實踐慈悲吧。」

我們已經在圓滿的禪定中

當我們在台灣時，有個機會拜訪著名的陶藝大師陳九駱。當天，二位法師也到工作室拜訪禪師。在這個小而古樸的茶室裡，禪師和二位法師的問答持續著……。

一位年長的法師先問：「禪師，請問您用什麼方便法濟渡眾生呢？」

禪師如此回答：「看到一個人的本性不難，了解一個人的本性不難，找出一個人的心也不難，因為我們的心跟佛心是一樣的，難的地方在於要像佛陀那樣的用我們的心。我們都是佛，但這些佛在做眾生的夢，他們從未努力從夢裡醒來。

「然而，雖然我們都在做夢，那問題在哪裡呢？有一天，當我們從夢中醒來，所有的事都解決了。不管醒不醒來，我們已經是完全的自由。因為發生的每件事都只是在夢裡，沒有問題的。做夢的是佛而不是眾生，所以沒有問題。我們在完全自由的情況中做夢，為什麼我們還需要修行和方便呢？我們已經在完美的真理中。魚在水中需要找水嗎？雖然還沒找到，但牠們已經在水中了。」

然後另一位法師又問：「我們如何可以早點醒來呢？不要夢太久？」

「沒有眾生，只有佛。」禪師這麼說：「沒有眾生，只有佛。是佛在做夢。佛陀教了四十五年的方便法，在最後終於教了真理。

「只有當我們跟魚說你在水中，牠們才會在水中嗎？你承認你在開悟中，現在已經在真理中嗎？你承認你已經在水中嗎？你相信佛陀所教的嗎？你知道『心、佛、眾生，三無差別』嗎？你知道即使你還沒開悟，但你已經在開悟中嗎？」

法師回答：「我可以了解，但我無法活得像那樣。」

禪師用更明確的方式說：「即使魚倒著游或哭著游，牠們仍然在水中，不是嗎？沒問題的！因為都是夢，沒問題的。假設你在夢中死了，也不表示你真的死。佛在做眾生的夢，有什麼問題呢？這樣的信心會給你開悟。佛陀已經教了你這個，為何你不相信呢？

「『諸法從本來，常自寂滅相，佛子行道已，來世得作佛！』我們本來就是佛了，這還有什麼問題嗎？如果你知道無需獲得開悟，這就是開悟。你還需要在水中找出水嗎？這鬱悶的心即是佛。有鬱悶的心是沒關係的，如果沒有任何的鬱悶心，誰可以獲得開悟呢？鬱悶心本身就是開悟的顯現，別擔心！」

然後這位法師說：「煩惱即是菩提。」

信心與平等慧

接著，師父繼續他的教導：「信心有無量的功德。如果你真的信任佛陀，那你還有什麼好擔心的呢？佛法僧三寶是宇宙中最珍貴的，你還需要擔心什麼呢？每個信任依止三寶的人最後都會成佛。你已經屬於僧寶，還有什麼問題呢？佛陀明白告示我們當然會成佛，我們已經是佛，但為何你要把這個信念丟掉呢？

「佛陀已經在《法華經》中教導我們，佛陀來到這世界不是讓每個人現在就開悟，雖然佛陀有偉大的能力可以讓每個人開悟，但卻沒有這麼做，為什麼？佛陀知道這些正在做眾生夢的佛已經在開悟的境界裡，所以祂以大慈悲心來等著我們醒來。祂知道我們會從夢中醒來，祂只是種下了因緣。祂從不輕視任何一個人，因為祂知道只要時節因緣到來，每個人都會成佛。當祂還是菩薩時就知道每個眾生早已是佛，祂只是以平等性的智慧比別人早些成佛。這裡的平等性就是說每個眾生都是佛。現在你可以了解要成佛需要哪些智慧了，平等慧是不二的智慧，平等慧是般若智慧，平等慧是空性智慧，這個智慧是指眾生都是一體的，一心！一心的意思是我們已經是佛。

「要踏出第一步前，你必須要覺察圓滿的存在。現在你不應該試著做任何事來得到開悟，你不該在我們的自性上有所增減。我們已經是完全圓滿的，怎麼還能有所增減呢？任何的努力都是我執的妄想，任何的努力只是增加你的『我執』和『相』，一旦你試著修行，你就已墮入眾生世界了，增加些什麼都是罪惡的。其實以上這些你都已經知道了，我只是提醒你而已，抱歉！」

然後法師真誠的問：「當我生氣時，我如何維持平等心呢？」

禪師：「生氣就是完全的平等心，除了平等心還有其他的嗎？除了佛陀還有其他的嗎？為何你覺得你還沒開悟呢？」

法師：「我想活得像佛陀那樣，但當我生氣時，我就不像佛陀了。」

禪師：「在那個時刻，趕快改變你的想法。顛倒夢想！『遠離顛倒夢想，究竟涅槃！』如果你改變想法，那就是究竟涅槃。從『我是眾生』或『我還沒開悟』的這個思維盡快轉到『我是佛』，然後你就是佛。再過一陣子，你的時機就會到來了，別擔心，你只是想多做一點眾生的夢而已！」

在禪師教導的尾聲，他們臉上變得光明，其他的人也都覺得法喜。

陳居士說：「禪師到我的工作室是我莫大的榮幸，雖然您沒說什麼，我還是可以感受到您偉大的慈悲心。」接著陳居士以他的陶碗供養禪師。他已經吃素很久了，而且每天誦《金剛經》和《慈悲水懺》。以前他連燒窯買瓦斯的錢都沒有，現在他是受人愛戴、利益眾生的陶藝家。看到陳居士用如此謙卑的心恭敬三寶，以及二位已經修行得很好的戒長法師仍前來跟師父虛心求教……。今天，在師父的祝福中，我們感受很多，也學到許多。

陳九駱老師以謙卑的心恭敬三寶，供養無無禪師陶碗。
◎照片提供／鄭鈞鴻

空與慈悲不二

Joyce 是曉慧以前的主管，曉慧離職後她們仍然保持連繫。只要三姐妹提到禪師的教導，Joyce 總是表示很大的興趣，終於她和先生 Chris、女兒一起到烏來拜訪。那天 Joyce 帶了《楞嚴經》問了些問題，Chris 則帶了一張已寫好的問題清單準備提問。

其實，這對夫婦畢業自台灣最好的大學，後來一起到美國深造，在他們退休後，成為教練學校的負責人。的確，他們做好了準備來提問題並接受禪師的教導，所以禪師也很開心見到他們。Chris 很歡喜所學習到的東西，甚至還在個人臉書提到禪師是來自韓國的國寶。

在我們回韓國前，Chris、Joyce 和他們的夥伴 Molly 再度來訪，禪師給了他們以下的教導——

三毒心是苦的根源。如果你利益他人，你就會快樂；如果你想帶給別人愛與慈悲，首先你自己要先達到完全的自由。只要你還有三毒心和苦痛，你是無法利益他人的。當你知道你的心是空的，而且你可以經由這個空的心來利益他人，那你就可給出永恆的慈悲。帶著「我執」去利益他人是不可能的。

父母可以愛自己的小孩是因為他們知道自己和小孩是不二的。當我們愛別人和給予慈悲時，我們要察覺到完全的空性，沒有人可以帶著虛假的自我給予他人慈悲，因為整個宇宙是以圓滿的空性和不二存在的。

Joyce 問禪師：「那願力不就是空的囉？」

禪師這樣回答：「大願是完全的空，大願即是慈悲，慈悲就是空，空即是不二，不二即是一。真正的慈悲不會來自有分別你我的想法。當你的手指被割傷你會覺得痛，那是因為你知道你和你的手指是不分開的。所有的存在都是一體的，因為它們是空的。即使我們因為迷惑而看到這一切現象，其實它們原本都是一體的，空的。

「如果你想要利益他人，卻仍執著於我和帶著自我，那只會帶來更多的問題和混亂，絕不會成為真正的慈悲，就像有些人即使是做了很多慈悲善事，自己還是活在苦痛中。當我們以圓滿俱足的心來利益他人，是可以為自己和他人都帶來快樂的。但只要你還帶著分別心來幫助他人，那只會帶給世界混亂和痛苦，而且沒有人可以因此而脫離哀傷和痛苦。

「在這個現象界，很多眾生以不二的心利益渡化他人，跟他們比起來，人類的慈悲只是表層的。如果你想以真慈悲來利益他人，首先你要了解你圓滿的空性，那就是無我。」

「實行慈悲的偉大眾生——地、水、火、風、空氣，它們是行慈悲的完美呈現，因為它們沒有任何的自我和相。」

Chris 問：「樹有慈悲嗎？」

禪師答：「從智者的眼中，你可以看到樹正在給予無窮盡的慈悲。樹的存在讓人類可以呼吸和生活，只有人類正在給予令人難過的慈悲，就像是上了妝的臉。如果地球沒有人類，那會是多麼的快樂和寧靜啊！現在的人類執著於自我，而且無法了解空性和不二，帶給地球災難和傷痛。

當我們以圓滿俱足的心來利益他人，是可以為自己和他人都帶來快樂的。
◎照片提供／鄭鈞鴻

「假設地球上每個人只要一個月不吃肉，我們的意識就會有巨大的進展。每天都有無數的動物被屠宰供人類食用，太多的眾生被殺了。

「如果你對這些眾生多一點慈悲，即使只是一天，地球上就會少一點災難。基於這個原因，持戒就是慈悲的行為，持戒為我們和世界帶來利益。這是開悟和獲得快樂與自由的捷徑，也是成佛最容易的方法。」

Chris 又問：「如果有一個人持五戒持得很好，卻單獨住在山上，這樣有意義嗎？如果他一個人住，那他無法利益到任何人。」

禪師答：「不可能的！持戒的人不管在哪都會利益到他人，因為持戒本身就是慈悲的行為。當覺察到不二，時間和空間的概念就會消失，因為不二超越時間與空間。你內在的慈悲、平靜的心會影響全部的存在，即使你只是坐在那裡。」

溫暖帽，溫暖心

三姐妹在台灣交遊廣闊，我們訪台的二十一天中有很多不同階層、不同領域的朋友來到烏來跟無無禪師見面。

黃居士也是跟著朋友，帶著好奇心和信仰來訪的其中一位，禪師看出他很好的本質，請他改天有空再單獨來訪。

當他再度拜訪我們時，無無禪師對他和訪客教導了「現象的不真實性」。

其實，黃居士的心很溫柔且善良，雖然讀了很多書並且在家修行，但禪師覺得佛陀教導的正因尚未在他的心田種下。所以當黃居士說他覺得世界上還有很多事要學，東跑西看也是一種學習時，禪師伺機給他以下的教導——

在寒冷的冬夜，有一條狗因為車禍而在路邊狼狽顫抖著，然後有一個能幹的人在牠面前出現跟牠說：「我知道有比這裡更好的世界，如果到那裡你可以又飽、又暖、又快樂，你要跟我去嗎？」

這隻狗回答：「但我比較喜歡這個世界，我想在這裡多逗留些時間。」

當禪師講完後，黃居士笑著說：「我就像這條狗！」

禪師說：「你比那條狗還嚴重」，接著他拿出紙和筆，在紙上畫了一條線。禪師在線上寫上「28」，在等長的地方下畫了五個圈，然後說：「上面這二十八層天是天堂，那兒是無法想像的美好！(註)」

黃居士馬上問：「那我們在哪裡？」

禪師指到最下面的三個圈，然後說：「這裡，最下面的三層世界是三惡

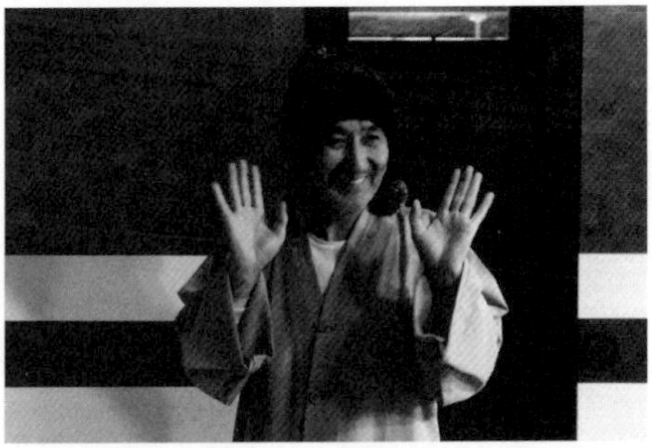
禪師為了表達感謝，每一頂帽子都試戴了。
◎照片提供／鄭鈞鴻

道：地獄、餓鬼、畜生。在這三層的正上方是人間。現在，你可以知道我們所處的世界有多低了吧！」

禪師繼續說：「我們要往北方走，事實上是朝東方走，但你卻誤以為自己是在往北方走，這是很大的問題。即使我們的手被割傷，我們都無法忍受那樣的痛，你要如何忍受三惡道的苦痛呢？那樣的痛苦我們是無法想像的。」

說了這些話後，禪師一步一步教導他關於「身體本身就是苦、佛陀如何解脫以及我們能如何解脫」的方法。

幾天後，黃居士來電給三姐妹說擔心法師們回韓國會冷，希望帶毛線帽給他們。

然後，這一天，他帶了好多頂美麗的毛線帽來了。當時，他有點不好意思地獻上帽子，禪師為了表達對他的感謝，把每一頂都試戴了。

離開前，他有點靦腆的提出：「我可以給禪師一個擁抱嗎？」

禪師聽了就露出溫暖而且有些頑皮的笑容，他說：「只是擁抱不好玩，我們應該來個像電影式的擁抱。」

結果，在禪師的建議下，他們彼此大大地抱在一起，黃居士感動得流下了眼淚。一直在旁邊安靜拍照的鈞鴻說：「我也可以嗎？」這時大家都已笑成一團。但當他跟禪師擁抱後，他的眼眶也紅了。看到這些溫和、柔軟的心在佛法的因緣中綻放，讓所有的人都深深受到感動。

(註) 五個圓圈代表地獄、餓鬼、畜生、人間、阿修羅，28代表二十八層世界，就是欲界六天，色界十八天，以及無色界四天。

對你壓榨的主管也是幻相

從陳九駱三芝的工作室回來途中，我們跟曉柔最好的朋友見面。她本來計劃下班後到烏來拜訪我們，但無無禪師擔心對她來說會太晚，所以建議我們在離她公司較近的地方見面。當天已經很晚了，我們約在速食店碰面，圍坐在一張很小的桌子上，開始聽她說。

任何人對她的第一個印象都會覺得她是一個很好的人，她對人生沒有什麼太大的問題。但如果要我來說，她的好心可能會是個問題，因為每當她遇到逆境時，她總是責備自己而不是抱怨別人，而且她還想幫忙其他同事，因為她們的部門主管太認真工作了，也會要求其他的同事跟她一樣瘋狂加班，所以同事每個人壓力都很大。

無無禪師拿出一張紙然後請她在紙上畫出她主管的樣子，當她畫完主管的臉時，無無禪師如此說：「現在，你的主管不在這裡，這只是圖畫，但試著想像這個畫真的是妳的主管，試著告訴她你想跟她說什麼，或是她需要改變些什麼。現在，告訴她：妳，先聽我的，什麼也不要說！然後妳就可以開始說妳想對她說的話了。」

一開始，她笑得有點不好意思，有點猶豫，但之後就開始很認真的跟她在紙上的主管說話。當她講完後，無無禪師問她：「你是否知道任何《金剛經》裡的四句偈呢？」

當時她馬上回答：「一切有為法，如夢幻泡影，如露亦如電，應作如是觀。」

無無禪師就問她：「佛陀說每件事都是幻相，為何妳無法把妳的主管也當作是幻相呢？」

她：「因為……她會影響我們……，且會讓我們產生很多情緒……。」

禪師：「那就是為何妳無法完全把她當成幻相的原因嗎？但畫在紙上的主管一點也無法影響妳啊，她什麼也無法說。佛陀說這個世界都不是真實的，就像是場夢，為何妳無法接受佛陀的教導、一直因為存在而受苦呢？」

她：「雖然我聽經，但我從來沒有想過可以用在日常生活裡。」

禪師：「很快的，有一天科學家可能會發明一種很特別的隱形眼鏡，讓我們可以看到一切的現象都是空的。但妳只有戴上隱形眼鏡才會接受現象是空的嗎？假設有個嬰兒一出生時就被醫生偷偷的戴上了紅色的隱形眼鏡，一直到嬰兒長大到二十歲時都沒有發現這個眼鏡。如果你問這個年輕人天空是什麼顏色的，他會怎麼說呢？我們長久以來戴上了無知無明的眼鏡，所以我們誤以為現象就是以這個方式存在。佛陀是如何看這個世界呢？他會如何看手上的這個杯子？」

她：「杯子！」

禪師：「錯！佛陀看它是空的，祂從來不被現象所欺騙。」

「別被欺騙了！」每件事都是幻相。
◎照片提供／無事三姐妹

無無禪師請她寫下「別被欺騙了」五個字，然後在主管的畫像旁邊寫上《金剛經》的四句偈。

聽了這樣的教導，她看起來比之前更輕鬆了，然後也很開心的想把這個教導跟同事分享。

她隔天就要出差而沒有時間來訪，禪師對她指導到很晚，早已過了睡覺時間，雖然無無禪師在連續教導了很多天後可能有點累，但大家仍以歡喜的心，用輕盈的腳步返回烏來。

無量心即是吾心

一日，貞的同事M到烏來拜訪，當她看到無無禪師，就開始哭著訴説她的問題：「我一直都是很順從他人意見的人，但最近我常跟家人和朋友起衝突，我已經知道佛法，所以也知道我這樣子不太好，但即使我提醒自己要記得佛陀的教誨也沒有用，我無法控制我的心。」

無無禪師開始了他的教導——

你曾經這樣想過嗎？我被這個幻相欺騙了嗎？這些不都是一場夢嗎？當其他人傷害了你的情緒，這個情緒是真實的嗎？你有沒有想過你是誰呢？

然後無無禪師問她：「告訴我，當你說『我』的時候，這個『我』是什麼組成的？」

M回答：「信任……，愛……。」

無無禪師聽了她的回答後繼續他的教導——

雖然你說「我」是信任，「我」是愛，但你覺得這個身體是你，你執著了物質的東西。一般我們知道「我」是由地、水、火、風和空組成的，我們可以說信任和愛屬於空，如果信任和愛真的是你，那就沒有什麼衝突，因為信任與愛是空的，所以沒有衝突。

你看過愛會衝突嗎？你看過信任衝突嗎？是假的自我（Ego）在衝突，

在愛與信任中是沒有衝突的，但是這個自我事實上是無我。因為無知無明，所以你認為這個自我存在，然後生起執著。因為無知無明，我們承受痛苦。

但讓這個身體覺醒的人，將不會再有生和死。因為執著於三毒心（貪嗔痴），我們就會在這苦的世界輪迴。

你現在真的想逃離這個苦不是嗎？你可以接受你的身體不是你嗎？你現在可以馬上放下對這個身體的執著嗎？

這很難做到，因為放下執著是很困難的，所以我們會一直不斷的輪迴，當我們放下對受生的執著時，才能免於受苦。

當佛陀開悟後，祂說了如下的幾個字，請深思。

佛陀說——

我再也不需要這個身體了，

我再也不要建構這樣的軀殼了，

我再也不要受生。

你了解嗎？你做得到嗎？雖然你用了四大五蘊(註)，但絕對不要被欺騙，要想這身體不是你，虛空才是你。

當你被毆打，是虛空被毆打；當你被指責，是虛空被指責。雖然你仍然用這個身體，但不要承認這個身體是你。不管你做什麼，請思考是這個虛空在做。

覺察你的空性，這空性就是你。
◎照片提供／鄭鈞鴻

去自覺空和無礙的虛空是很重要的。覺察你的空性，這空性就是你。物質全都是幻象，到現在為止你的人生就是一場夢。

在佛陀開悟後，祂知道每件事都是幻象，所以佛陀說祂再也不需要這個身體了，我再也不蓋這種虛妄的軀殼，我不會再受生。佛陀知道空性，但空性不是指什麼都沒有，它是不可思議的！你無法透過思考去知道那是什麼。空性之所以用身體的形式出現是因為我們的迷惑，只要你不拿掉此幻象，你就無法逃脫痛苦。雖然你活在這個世界上，但如果你能自覺空性，那就沒問題了！

你看過虛空破掉嗎？

你看過虛空生氣嗎？

你看過虛空受苦嗎？

在虛空中無論發生什麼事，對虛空一點都沒有影響。

你的心比虛空還偉大，這偉大的心就是佛心。

在禪師教導後，M的臉變得較明亮，無無禪師再問她一次：「現在你的心有較開闊了嗎？當你剛來的時候你的心是小的，現在變大了嗎？你可以讓你的心變多大呢？

心沒有極限，無量心。

無法用無量心的是眾生，

可以用無量心的就是佛！

在你來這兒之前，你的心被痛苦所駕馭，所以你來到這裡，你的心只有苦。現在，你受苦的心在哪裡？你受苦的心有多大呢？」

M：「一點點。」

禪師：「如果你受苦的心只有一點點，那你不苦的心可以有多大呢？在一小時內，你讓你的心變小又變大，根本沒有人教你，是你自己做到的。

「你可以增加你快樂的心嗎？多大？無量壽無量光！無限的生命，永恆的快樂，永恆的自由，永恆的智慧！這些不存在任何其他的地方，這些都在我們的心中。你要哪一個？無量心或是一點點心？你自己可以決定，如果你有智慧的活著，你的快樂就會增加，你的智慧會愈來愈光明。無量心永遠不會被消滅，所以說不生不滅。請永遠保持這無量心，決不遺失。你就是虛空，請好好使用這個如虛空般的心。無量壽！無量光！南無阿彌陀佛！」

（註）四大五蘊，四大是地、水、火、風；五蘊則是色、受、想、行、識。

你是電影明星？

睽違了兩年，智異山頂峰無無禪師與弟子天真法師、玄玄法師，以及甫圓頂的慧德師父，與法燈、妙音華居士賢伉儷，一行六人，在台灣信眾的央求下，安排了一週到台灣的行腳。

第一天的開示地點是在無事三姊妹經營的「無事生活茶館」裡，茶館的地下室有一個溫馨雅致的空間，能夠容納三十個人左右。二〇一六年十月八日到十二日這五天的下午，大家聚在這裡，聆聽禪師開示，也可自由的向師父請法。

以下是十月八日的來客問答。

客：「如何在這競爭的世界、在這資本主義社會中保持慈悲心？」

禪師：「當你知道你是誰，真正的慈悲就會自然產生。我們吃東西是為了養這個身體，但這身體並不真的是你的。」

禪師：「我是否屬於資本主義？」

客：「不是。」

禪師：「我屬於資本主義，但是我也不屬於資本主義。重點是不要被資本主義控制了。你就像演員一樣，你是電影明星——像這樣的活著，你會知道這整個世界其實是個夢，每個人都是演員，因為我們不知道這是一場戲，每個人都在受苦，這個世界是假象，它不存在，千萬不要把假象當成真實，那都是夢。你長得很像電影明星（眾人笑），你要早點成為一個電影明星。無論做什麼事都要當成自己在演戲，你就是那演員。

「你真的是一個電影明星——只有這樣的認知，你的心才會安定，你才能真正的幫助他人。如果你把資本主義的現象都當成是真實的，你的心就無法安定，無法真正的幫助他人。」

禪師清楚的知道在公司營運及競爭的壓力下，找到真正的自己是有困難的，唯有先清楚的知道這世界的一切都是假象，把自己當成是一個演員，才能夠進一步的跳脫出來，找到那真正完整的自己。

感恩禪師的開示，讓每日在工作與壓力洪流中的我們，能夠慢慢的看清楚這一切，讓自己的心安定下來，覺察、觀照，每日精進。

魔術師創造了你

今天的第一位提問的來賓是一位年輕的女性，雖然年輕，卻提出了很嚴肅的生死問題。

客：「平常我們處理的都是生的問題，但我們也要面對死。哪一個問題對於我們更重要、也更需要面對與處理？」

禪師：「活著到底有什麼問題呢？」

客：「工作上有很多煩惱呀！很想要隨心所欲的過生活，但是不可能。」

禪師：「沒有問題就不會降生在這個人間。這個世界就是一個問題的世界，這個世界是生滅的世界，我們每個人都有問題。為何要修行？就是要從這些問題中解脫出來。我們都在做夢，夢這些問題；我們都在做錯誤的夢，所以在夢中會有很多問題。

「眾生就是一直做錯誤的夢的人。當你醒過來，所有的問題都不見了，即使你無法醒來你也沒有問題，因為這是一場夢！這個世界根本沒有問題。」

客：「我們會把這個夢當真！」

禪師：「所以我們需要學習佛法、清醒過來，所有佛陀的教誨都是讓我們從夢中醒來。記得，全都是一場夢！即使你沒有醒來，也沒有問題。自始以來我們就是一個沒有問題的人；是我們錯誤的知見，讓我們覺得自己有問題。我不知道你信不信任我說的話，我所說的都是佛陀的話。你相信我的話嗎？」

客：「我相信，但我醒不過來！」

禪師：「我們需要時間。」

客：「但死亡不知何時到來？」

禪師：「死亡不存在，沒有死亡。因為這個身體不是你，空才是你，所有的現象都是假的。其實這是一個魔術師創造的世界，當魔術師在變魔術時，我們絕對不會被魔術所騙，這個魔術師創造了你的身體，空性創造了你，魔術師知道這不是真實的。」

客：「誰是魔術師？」

禪師：「你要自己去找出來，沒有人可以幫你找出這個答案，如何找到這個答案？佛陀已經教導，就是往內觀自己——身體不是我，感受不是我，思想不是我，意識不是我。那我是誰呢？」

客：「那意識是誰呢？」

禪師：「魔術師創造人，同時創造了意識，你認為魔術師存在還是不存在？」

客：「我不知道！」

禪師：「魔術師存在，因為他創造了你，你要找出創造你的人。佛陀說創造你的人是無形、無體的，你的身體會證明這個魔術師是否存在。你雖然想要尋找答案，但你不可能找到答案，你可以看到的是你的身體，那是創造後的形體。

「魔術師無形無體，你卻能看到他創造出的形體，雖然你想要找出你是誰，但你看不到創造者，如果我們看不到他，就找不到他——我們永遠找不到的人就是你，我們永遠看不到的那個人也是你，我們不能看到的、或是不能知道的，是偉大的，你永遠不說那是不存在的，因為你的身體就是存在的證明，不要被欺騙了。

「這是一個假的身體，但是要好好利用這個假的身體；不過它不是你，不要被假的身體欺騙。

「沒有形體，我們不知道他、不認識他，但這個魔術師創造了我們，這個偉大的魔術師在你生病時可以再創造另一個身體出來，他永遠都在創造，也永遠存在。

「不要去製造一個受苦的身體。就像釋迦牟尼佛一樣，你的魔術師要創造一個佛陀的身體。釋迦牟尼佛是最偉大的魔術師，你也要像觀世音菩薩（禪師指著牆上觀世音菩薩的畫）成為一個偉大的魔術師！現在有這個身體，不要害怕它。

「你可以很容易就創造另一個身體、另一個形體，從現在開始你要成為佛陀的身體。佛陀的身體沒有生老病死，這個時候你就不會有任何的問題，任何有關生老病死的問題。你可不可以創造這樣的身體？」

客：「我要如何創造？」

禪師：「照著佛陀的教誨走！我們有的人想要成為律師、醫生等等職業，

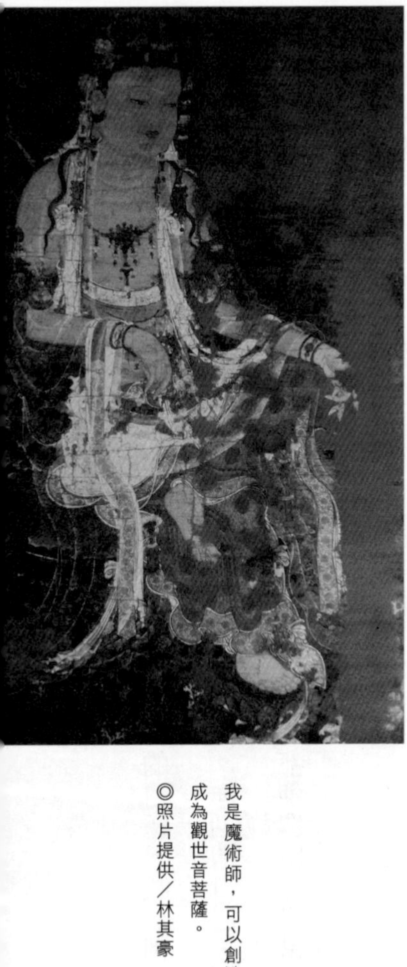

我是魔術師，可以創造自己成為觀世音菩薩。
◎照片提供／林其豪

就會朝著這目標做。如果你想要像佛陀，你就要有這樣的目標。我們都是平等的降生在這個世上，每個人都創造了自己。誰創造你？你創造自己，釋迦牟尼佛成佛是其自己創造成佛的。不管想不想要，我們都創造出自己是誰，請你用智慧來創造自己。

「請向觀世音菩薩學習，按照祂的教誨，這並不難。一開始釋迦牟尼佛成佛，在當時是困難的；但現在要成佛是不難的，因為佛陀已經教導且給我們地圖，那就是佛經。你有沒有用佛經或佛陀的教誨來創造自己？」

客：「我有努力嘗試過。」

禪師：「你完全照著佛陀的教誨做，一定會成佛，請你把自己當成是佛陀。」

禪師提到魔術師創造了我們，原來那個魔術師就是自己，但是因為我們沒有立志成佛，就無法成為那神奇的魔術師，當然也就創造了充滿煩惱的自己。但願我們都能學習佛陀的智慧，開始這段神奇的創造之旅。

什麼是「大人」？

一位名為「大人」的男士在自我介紹時，禪師對他印象深刻，並因為他是「大人」，師父說應該請他上座，大人因此受寵若驚與禪師相互頂禮。

在他啟問前，禪師先說了「大即是通」，如觀世音菩薩，圓通之意，與整個環境「不二」，與宇宙連接擁抱。

禪師：「整個宇宙都是你，你現在就可以看到。我們每個人都是宇宙，但是因為我們不知道，所以生活在痛苦中。當我們困在小小的身體中時，會東想西想，有很多煩惱；但是其實這是錯誤的了解。真正的你跟宇宙是

連接擁抱的。所以當你真正了解宇宙就是你的時候，你就可以用大人這個名字。（眾人笑）

禪師再慈悲補充：「雖然你不知道自己是大人，但是其實你已經是大人了。」

大人感動地回應道：「自己覺得自己變高了，可以感受到整個宇宙都是自己，感恩師父幫我打開了一些界限。」

禪師：「有始以來就沒有界限，整個現象不存在，即使存在，也是一場夢！」

大人回饋：「我最近一直被困住，我似乎有些理解，但是仍然被困，剛剛我已不是用理解來解決我的問題了，一瞬間，我感受到了。」

禪師：「請你觀察自己，往內看，你就是圓通，請你了解宇宙就是你，沒有界限。」

這場開示，既幽默又嚴肅，禪師闡述了「自己就是宇宙」的真我觀，讓人印象深刻。

更大的願望

在禪師回答了幾位問題後，一位在一家大型製造業任職的副總提出了她的疑惑。

客：「我們每個人似乎都被安排好了一些角色及目標，自己是不是不需要想太多？只要按照被安排好的角色，在每個階段認真去做就好？但是，有時又會希望能完成一些夢想。究竟應該活在當下、勿想太多？還是去追逐自己的夢與心裡的目標？」

禪師：「如果你只跟隨你所認定的一出生就被安排好的命運走，那是愚蠢的，因為我們應該有更大的目標。為什麼？因為我們要了脫生死。」

客：「我覺得自己沒有那麼偉大耶！」

禪師：「雖然你不想了脫生死，但你還是會走在這條路上。你不想，但是你已經在這條路上。就像這房子如果著火了，儘管別人拉著你不讓你走，你還是會想逃！每個人未來都會面對死亡——即便不想，但免不了要走這條路。死亡時我們都想逃避。例如有些自殺的人，內心其實是想要活下去！而我們希望的是超脫生死，因為沒有人可以安住在現在的狀態。

「如果你沒有更大的願望，你今天不會來這裡（眾人笑）！不管你要不要，你已經走在成佛的路上，最終的目標就是要成佛。當你安住在成佛的道路上，就能可以停止所有的追求。千萬不要停留於現在，要繼續往成佛的路上走。」

禪師：「你要不要跟隨我？（眾人笑）我不會說謊的，請跟隨我的路！免費喲！（眾人笑）你唯一要做到的是仔細的聆聽。為何每個佛都有很大的

耳朵，因為祂們很能夠聆聽，要聽從佛陀的教誨。你的耳朵看起來很棒，像佛一樣，應該是很會聽的。」（眾人笑）

這場開示在眾人笑聲中結束。在這小小的空間裡，我們感受到的是禪師的慈悲與方便法門的力量。

請跟隨我的路！你唯一要做到的是仔細的聆聽。
◎照片提供／鄭鈞鴻

學佛的好處

畫家陳在沟先生這次也抽空來到「無事生活」茶館向無無禪師請法。陳先生擅長運用各類剩材作畫，他很熱心的將他的畫冊送給禪師，並與禪師作了深刻的對談。以下是陳居士的提問。

陳：「生死是每個人都要面對的大問題，但以世俗人來說，在學佛的路上有沒有可能做了一些小事，即刻就得到一點鼓勵，而這樣的鼓勵能帶領我們慢慢地往前走？」

禪師：「二〇一四年來台灣時，對台灣人感覺非常的好。因為韓國的素食人口只有百分之二，而在台灣竟有這麼多素食者及素食餐廳，所以我對台灣人非常地尊敬。在韓國，教導信眾的第一件事就是要茹素，而台灣素食者已經很多，要走到慈悲的路上，第一步就是要茹素，然後要持戒。茹素與持戒，會讓你走在這條成佛的路上，有愈來愈多的快樂，不會有那麼多煩惱，心會比較清淨，每天都會快樂而自在，這就是給你的鼓勵。」

陳：「有沒有什麼立即可以得到的利益或誘因來引導大眾學佛？例如，我的朋友要我誦《金剛經》，但我做其他事情比誦《金剛經》更快樂，那我就不會去誦《金剛經》。在佛法裡面，有沒有做什麼事情會比現在做我自己的事情更快樂的？」

禪師：「你的朋友不是佛陀，他沒有辦法完全的指點你。《金剛經》是非常珍貴的經典，在《金剛經》裡有能解開所有生死問題的鑰匙，從《金剛經》得到的智慧，不會被任何事情摧毀。」

禪師：「你讀過《金剛經》以外的佛經嗎？」

陳：「《心經》及其他很多經典。」

禪師：「你知道《心經》的核心在講什麼嗎？你有沒有特別喜歡那一句？」

陳：「《心經》的核心內容是：一切是假的，如夢幻泡影。現實生活都是想像出來的。」

禪師：「這答案是不對的！《心經》的核心是：一切是假的，但它也是真的，真與假是不二的。若你認為所有都是假的，你就無法解脫；若你認為一切都是真的，也會被無知無明帶著走。真和假是不二的。心經說『無智亦無得，以無所得故』，那你怎麼辦？」

陳：「我沒想過這問題。」

禪師：「要成為佛陀，第一步要有般若智慧。」

陳：「我們要進入法界有一些難度，有沒有一些鼓勵，讓我在這空間繼續走？」

禪師：「現在你的領域與佛陀的領域是分開的。在你自己的領域，如果以智慧去做的話，就會是佛陀的路；如果你不走智慧之路，你跟佛陀的路就是背道而馳的，你的藝術也不會有價值。不管你做什麼，只要用佛陀的般若智慧去做，就是佛陀的路。你抄寫《心經》就是很好的功德（陳居士有一幅《心經》的藝術品掛在牆上），要先了解《心經》裡般若智慧的要義；若要了解生活中如何獲得般若智慧，那麼在《金剛經》中就有答案。不管要走佛陀的路還是自己的路，首先還是要了解般若智。當你了解般若智，那一刻你就是大乘菩薩。」

接著是茶敍的時間，禪師很仔細的看著陳居士的畫冊，並且一一請教，看過半本畫冊後，禪師指著一頁空白問道：「這空白是否有任何意思呢？」

陳：「沒有特別的意思，就像你讀很多資料，在此休息一下。」

禪師：「這空白代表無限的可能性，你可以畫任何的東西；當有畫面，就沒有其它的可能性了。每個人都在自己的心裡作畫，雖然沒有表達，但心中有畫。最偉大的畫是佛陀畫的，佛陀的畫一直在改變，不斷的在改變，佛陀用『應無所住而生其心』來作畫。佛陀的畫不像你的畫是固定的，它一直在改變，就像電影一樣。佛陀透過畫，呈現無常、無我，呈現一切現象都是假的。透過祂的畫，呈現一切現象都不是真實的，一切事情都不固定，如果有人想要固定，就會受苦，這是因為世界一直都在改變。」

陳：「我希望透過畫，能打破大家習慣看東西的思維與習性。」

禪師：「若要打破別人的思維，你先要往內觀察自己，觀察自己的空性，你要在空性中作畫，不要畫在空白的紙上，要用空性作畫。觀察你自己，看你自己的空性，再開始作畫。你本來就是空的，沒有空性，不要作畫。當你用空性畫畫時，你必須畫慈悲，像觀世音菩薩一樣，每個人都會被你的畫感動。畫如果沒有般若智、沒有慈悲，沒有人會感動。請你用空性與慈悲作畫，不管你畫什麼，請觀照你的心、你的空性，照見五蘊皆空，你就可以畫出好畫！」

陳居士從一開始提問希望得到實質的學佛的好處，到最後禪師不斷的提點他，他的藝術之路與佛陀的路可以是同一條，而這條路必須透過《心經》與《金剛經》的空性去走出來。如果能用般若智的空性來作畫，其作品自然就會帶來感動人的力量，也就能打破一般人的思維，產生影響與共鳴。學佛的好處就這樣清楚又明白的在簡單且深刻的問答中回覆了。

為什麼要學習空性？

一位很年輕，還在讀大學的女孩芸，與母親從花蓮來聽禪師開示，去年她也曾經參與聽法。她提出了以下的問題。

芸：「昨天我很晚才來，聽了兩天，一直聽到禪師在講空性，但是完全不知道空性是什麼？為什麼我們要學習空性？」

禪師：「空性的意思就是外界的物質現象通通都不存在，所有的存在都是因緣產生，但都是假的，它不是真的。現實現象其實是一個假象，就像是一場夢。佛陀曾經教導過，我們的意識其實是搞不清楚，認為這些都是真的，當我們戴著紅色的眼鏡，看到每一件東西都是紅的，我們這個身體其實也是我們穿戴上來，我們戴了業力的眼鏡，所以會誤認這個世界都是真的，我們會以為這些存在全部都是真的。事實上它是無形、無體的。

「為什麼我要教空性？那是因為我們沒有辦法脫離受苦，如果我們不瞭解空性，我們就會一直在受苦中。如果你認為身體是你，你就永遠逃脫不了生、死，如果你認身體的存在是真實的話，你其實永遠脫離不了苦。真正的你是無名、無相的，你認為身體是你，這不是你，它不存在。這是一個假象，請你要去覺察那個完美的空。

「為什麼我要教空性？是希望讓你得到永遠的快樂與自由，找到快樂跟自由。你不要接受身體是存在的。即使在天上的神，祂看到你也覺得這個你不是物質，當你上天堂的時候，你看到每件東西都是光，沒有任何物質。當你上天堂，你身體也都是光，光是不會死亡的。

「因為我們的意識是低的，所以我們會覺得這個生命確實存在，如果我們能夠跟西方極樂世界的意識相接的話，我們就會知道我們本身就是無量壽、無量光。當佛陀開悟的時候，祂其實已告訴自己——我不要再受生，我不要再建立我這個身體。佛陀那個時候就這樣說了。佛陀說身體不是你，所以你自己往內看，你會發現這裡沒有生老病死，如果你不把你的名相實體連結，你就會懂得你是不生不滅的！

「為什麼我要教空？就是因為大家太依賴身體，其實無名、無相我還是可以存在的。你是誰？請你永遠往內看你的完美的空，你們無法形容我是誰，這是我也無法形容的。你要怎麼修行呢？」

芸：「修行什麼？」

禪師：「你怎麼修行佛陀的教誨？」

芸：「皈依三寶。」

禪師：「沒錯，沒錯，很好！」

芸：「所以意思是我們看到這些都是假的，所以我們來這個世界上，就是為了練習看到一切假象，然後知道自己是假的，我其實就不會痛苦。也就是說服自己一切都是假的，學習一切都是空的，一切假象都是空的！」

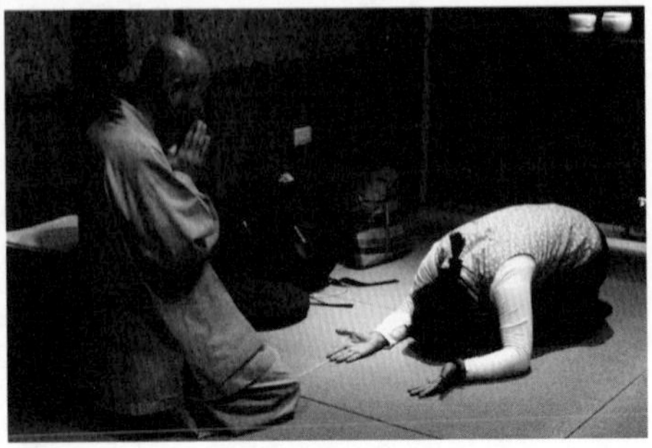

皈依三寶就是成佛的種子，皈依三寶的人一定會成佛。

◎照片提供／鄭鈞鴻

禪師：「不是每個人都是這樣。我們是因為緣而產生的，如果你創造佛陀的因緣緣起，你就會成為佛。現在的你都是因為因緣緣起造成的，即使因緣緣起，你還是假的，你可以創造好的因緣，就是要跟佛連結，你現在種的種子未來就會開花結果。我現在就是來種下大家成佛的種子，皈依三寶就是成佛的種子，皈依三寶的人一定會成佛。在皈依三寶之前你可能做了很多善事，那就像除掉一些雜草一樣。

「佛陀來到這個世間，就是要讓我們開悟；雖然佛陀不在了，可是開悟還是會顯現。佛陀來的原因就是要種下一大事因緣的種子，佛陀知道一旦種下這個種子，花苞就會產生。如果你對佛有大信心，你一定會成佛！為什麼要大家遵循佛陀的教誨，因為希望你成為這個世界最偉大的眾生。我教大家空性就是為了要恆久的快樂跟自由，沒有這個廣大無邊的空，沒有東西可以存在。就是因為有這個廣大無邊的空，『假我』才能夠存在，所以你要知道這個廣大無邊的空，才能夠創造好的因緣種子。

「這是你的選擇。你要選小我、假我？還是要選擇廣大無邊的我？你要烏雲是你？還是晴空是你？所以身體是烏雲，可是廣大無邊的自己才是真實的你！如果你想要接受生死的痛苦，那身體就是你；如果你不想接受生死的痛苦，那廣大無邊的才是你！如果你想要有更多的受苦，你就一直投胎在這個小我裡。千萬不要成為烏雲，要成為無量壽、無量光，從生死的苦裡解脫出來，現在你就是無量壽、無量光！

「要有一個廣大無邊的空的心，現在這一世就扮演好你的角色，下一世你就可以成為那個廣大無邊的空。如果你還是很思念這個世界的話，那就用你的大慈悲心來利益他人就可以了，就像佛陀來到這個世間就是要利益眾生的！」

聽完禪師的教導，芸點點頭，似乎清楚的了解禪師為何要不停的談空性了。如果我們不能接受自己當下就是佛，看來最好的修行就是觀自己的空性，扮演好自己的角色，以及多做利益眾生的事情。

內在的珍寶

在休息的時候，M繼續向禪師請法，以下是她與禪師的問與答。

M：「最近從韓國回來後，夢境都非常清楚。夢見我跟著一群學生一起向老師學習，不知道為何與大家走散了，一直找到晚上，我找到一間很大很大的旅館，想去洗澡，但是我怎麼找都找不到我的房間。我看到好多人都看到我的房間，紛紛說：你的房間就在那邊！直到午夜十二點，大家都睡了，我還是找不到。然後我就哭醒了。」

禪師：「你的心想要找到你可以安住的地方。大旅店象徵淨土，大家都

當我們把意識往內時，珍寶就如同光，會回到我們自己。
◎照片提供／鄭鈞鴻

想要進去，那邊有最好的東西。你一直想尋找但到目前為止尚未找到。你需要做的是改變方向，往內回到自心，找回空性完美的自己、圓滿的自己，那個沒有問題、沒有痛苦的自己，圓滿俱足、恆常、清淨的自己。

「當你找到自己，你就俱足了。往外是找不到的，你要像觀自在菩薩一樣，要向內尋求。不要懶得找自己，當你找到自己，錢會自己過來，你愈找自己，錢就愈跟著。

「你生下來就是有福氣、福報的人，只要找自己就可以。當我們的意識往外走，我們心內的珍寶就會往外跑。」

M：「每次有壓力時，就會感受到自己被遺棄。」

禪師：「當你覺察有壓力的當下，就要馬上改變方向往內看，雖看不到內在的珍寶，但它像光一樣珍貴。當我們往外求時，心內的珍寶也會往外；當我們把意識往內時，珍寶就如同光，會回到我們自己。真正富有的人是心靈豐富的。

歸家隨份得資糧，以陀羅尼無盡寶。——法性偈

「當你改變方向，開始往內看，你會找尋到無盡寶；如果你追求外境，心不斷向外看，珍寶也會向外。向內找尋自己，所有外在的東西也會自行來找尋你。在你開悟前，要好好修行，最好的修行就是要觀自在，觀四念處（註），觀照自我的身心。當你跟隨佛陀教法，就應該要積極，觀照自己是最好的修行。積極的找出自己的缺點，改變習性是最好的修行練習。從現在開始，只吃有機食品，不要再吃冰淇淋了，可以嗎？（笑）」

（註）四念處：觀身、受、心、法。

開啓第三隻眼

V有一對高學歷、高能力的父母，單身又年輕的她跟禪師提問：「在做決定時，心中會有兩個聲音，總不知該如何做抉擇。」

禪師：「當我們做一個決定時，腦袋一直在思量、計畫，不斷思考後，再做一個決定，這是我們思維的運作。當你出生時，有一部份來自爸爸，另一部份來自媽媽，所以這二部份常常讓你有衝突；你的左眼來自媽媽，右眼是來自爸爸，所以常常會搞糊塗，透過你的雙眼是無法做決定的。

「其實在出生之前我們擁有三隻眼睛，除了左右眼（指向眉心中央），你的兩眉中間還有一個眼睛，這是智慧之眼。當你由雙親得到身體，同時也因為你的雙親，而喪失了智慧之眼，你再也不用智慧之眼了，因為你的父母幫你做了所有的事情，因為你的雙親是非常聰明的。所以從現在開始，不要再聽你父母的話了，好嗎？（笑）

「除此以外還有很重要的事。你要開發你的智慧之眼，智慧之眼不屬於雙親，這個智慧之眼是佛陀給予的；當我們的智慧之眼封閉時，就是眾生。千手千眼觀音就是指這個眼。

「很久以前人類是有尾巴的，當照X光時還可以看到痕跡，這是大家都知道的。尾巴漸漸消失是因為我們不使用、不需要。同理可證，如果我們不遵從佛陀教法，不運作佛陀所教做，我們也將失去智慧之眼。

「我們有責任恢復智慧之眼。我們使用兩隻眼睛的目地是要喚醒第三隻眼，第三隻眼也稱『摩訶般若波羅蜜多心眼』，我們無法由肉眼看到這隻眼，它是完全空性之眼，它不往左不往右，永遠是安住於中道。請用你的心眼，好嗎？

「如果你真的想要使用心眼，第一步就是先觀察自己，如果你往內觀照自己，你知道你是誰，就有機會可以開啟心眼，透過心眼，我們可以看到心靈；透過心眼，你可以看到自己。如果透過爸爸或媽媽的眼睛看，只會帶來很多苦痛。經過正念、正法看自己，所有的苦痛都會消失。

「偉大的佛陀，征服了自己。國王征服全世界，最後以毀滅作為結束，每個征服物質世界的人最後都會死亡，所有征服這世界的英雄最後都已消逝。

「當開啟心眼、心胸寬闊的人即可了脫生死。所以請觀照自己、征服自己。當你找到真我，你就是真正的英雄。從現在開始覺醒吧！你還有很多事情要做！當你的心眼打開時，你會非常忙碌，你有很多事情要做，讓這個世界更快樂，你將為苦難眾生開悟成佛。」

你就是佛，只不過是還在沉睡中的佛。

找到自己才是最好的法門

平日喜歡看書，總是在一旁很安靜的云提問：「我有很多機緣可以和不同的老師或法師學習，也接觸很多不同的法，如何選擇一個最適合自己的方法？」

禪師：「雖然世界上有很多好的老師或是導師，但要向外面找一個最好的老師，那並非最好的選擇。找到你自己才是最好的選擇。不要在這麼多的法門中選擇，先由內部找到自己。你就是你自己最好的老師。

「『自燈明，法燈明』。遵從佛陀的教法，淨化自己，就是最好的老師，最好的修行。」

云：「我說的老師都是佛教的法門。」

禪師：「佛法有八萬四千法門，每一個法門都有其獨特的方法，每一個人都要從自己的論點開始。我們不能從一個老師的高度出發，要從自己的起點出發，導師和老師就像是一張地圖，我們可以看著地圖，但當我們要走到外面，要從當下這一步開始。觀察自己就是這起始點。不要試著去抓天上的彩虹！」

感謝禪師的提醒，在台灣的我們總是有機會接觸很多老師和親近不同道場，但久了往往會忘了自己其實一步都還沒跨出去，只是觀察台上的老師們，而忘了往前的那一步還是要由自己開始。謝謝云很好的提問，也提醒了我們「千里之路始於足下」。

夢裡的祝福

休息時間，T來找禪師請法，T在出版社工作，在工作上有不少的挫折，T一開口就語帶哽咽。

T：「當你遇到挫折時，怎麼樣才能提起自己的心力？」

禪師：「當戰爭發生，有經驗的士兵不會覺得挫折。當我們沒有經驗時，遇到問題，心就會無所適從。如果有一個人，一天到晚都在被蚊子叮咬，有一天蚊子再叮咬他，他是很有經驗的。如果有個人從來沒有被蚊子咬的經驗，當蚊子來的時候就會很不知所措。

「我們經過累生累世的轉世投胎，受苦受難經歷了許多，我們很有經驗。如果沒有這些苦難和困難，人類無法像現在這個樣子。

「這一些苦痛、磨難、挫折都是對我們的祝福，讓我們成為人類。不要恐懼、害怕、沮喪，也不要感到挫折，這些都是成佛的訓練，每一個受苦、受難都是祝福，不要害怕與憂慮，我們很快就會成佛了。」

禪師請T大聲念出每日祈禱文，第一次T讀到第二句就哭了，第二次與第三次，仍然會哽咽。最後禪師邀請其他人念祈禱文給T聽。念完後，禪師慈悲的說：「不要擔心，從現在開始，這些困難都會被解決的！」

T繼續請示：「我很難不批評自己，因為每天的生活就是如此，當我如此做時，我的心就很不舒服！」

禪師：「當我們批評自己時，這是很正常的；每個人都會批評，這很自然。因為這是一場夢，沒問題的。只要你從夢中醒來，所有的問題就都解決了。」

T：「但是同時你也想要有慈悲心。」

禪師：「如果你能了解每件事是像一場夢，這是真慈悲，只要你保持這樣的覺察，這就是真慈悲。如果每個人都覺察每個現象都是一場夢，那麼，就沒人會受苦，沒有任何的困擾。如果你知道整個現象是一場夢，是空的，在那個當下，真慈悲就會產生。如果有人認為世界真實存在，他作慈悲的事情來助人，這不是真慈悲。這種慈悲會帶來更多的痛苦。」

T：「但是我離『這是一場夢』的想法，還有很長的一段路……。」

禪師：「只要你醒來，就知道這是一場夢，在夢中不需要太努力，未來只要醒來就好了，因為這只是一場夢，所以完全沒有問題。」

T：「如果我的夢很長……。」

禪師：「你夢的時間很長，沒有問題，長夢是沒有問題的，但是請你有個好的夢。我要你念祈禱文的原因，是為了讓你有個好夢。」

T：「我需要現在醒來嗎？」

禪師：「你現在還有工作要做，不需要醒來；等你完成你的工作後，你可以醒來。」

T：「我不需要擔心何時醒來嗎？」

禪師：「你本來就是完整、恆常、清淨，你本來就是圓滿的，所以你在夢裡還是可以做很多事。在真正醒來之前，請保持好的夢，每日祈禱文可以引領你走向好的夢，透過每日祈禱，你無需做眾生的夢，透過每日祈禱我們可以做一個佛的夢。如果你做的是眾生的夢就會有很多的苦，當你做佛陀的夢，就不會有問題，你會永遠保持快樂！」

T：「我不需要擔心自己或他人？」

禪師：「當你有煩惱的時候就每天念誦每日祈禱文。你信任佛陀嗎？」

T：「我希望如此。」

禪師：「佛陀就像母親，我們依止祂。佛陀是所有眾生中最有智慧的，當我們遵從佛陀，就是選擇了最好的道路。當我們追隨著佛陀的道路，表示我們是有智慧的。」

T：「但是有時候我會懷疑……。」

禪師：「持續的走這條路你的疑惑會越來愈少，也會越來越有自信。但是如果你覺得有懷疑就不走佛陀的路，這是愚蠢的，有智慧的跟隨佛陀、走祂的路，你不斷跟隨佛陀，你的信心將會增長。

「從現在開始，在我們的心裡種下佛陀的種子，你一定會成佛。請種下佛陀的種子，你的生活會改變。請用很大的勇氣和信心，不要恐懼、害怕，現在就做你心裡所想的，菩薩會保護你，只要你一心呼叫佛陀的名字，你會得到解脫，發菩提心、無上正等正覺，以佛陀為典範。不要擔心，你很快就會改變。請素食、保持身體健康。」

擔心與正向思維

這一天禪師到鶯歌來與法鼓山的信徒們結緣。法鼓山的常琛法師準備了非常多的食物，小小的禪堂擠得水洩不通，還用了廚房與外面玄關的空間來準備食物，看到師兄姐們忙進忙出，備茶水的、照相的、指揮交通的、擺放桌椅的、泡茶的、準備茶點的、廚房炒菜的……，我們一行九人，真是讓法師與師兄姐們忙壞了！

用完豐盛的午餐後，禪師開始針對師兄姐們提出的問題開示。

A師姐提到：「我總是不由自主的擔心身在國外的子女，如何可以讓我不擔心呢？」

禪師：「如果我們正向思考，正向的事情會發生；如果我們經常負面思考，負面的事情就會發生。

「有一個故事說到一個村莊裡住了一對老夫妻，老太太經常哭，老先生經常笑；而他們有兩個孩子，都在市場做生意，一位賣鹽、一位賣雨傘。當下雨的時候，賣雨傘的兒子賺很多錢，但是賣鹽的兒子卻完全沒有生意；在晴朗的日子裡，賣鹽的兒子就可以賺錢，但是賣雨傘的兒子就沒有生意。這樣的事情不斷的發生，而爸爸都在微笑，媽媽卻一直流淚。

「萬法唯心，要有正向的心，你決定你的心念。當你正向的時候，家裡就會發生好事；當你擔心，擔心的事情就會發生。一定要有正向的心念，相信好事情會發生在你兒女身上！擔心時，可以讀經、打坐，或者念佛更好，只要做跟佛有因緣的事情，那麼好事一定會發生的。」

如何有智慧的選擇

香姐提出來一個大家都有的問題：「如何有智慧的選擇？人生有太多的選擇，例如：搬家、道場、法門、親情……等等，有沒有可以參照的方法？」

禪師說：「每一件事情最後都會走向滅亡，這很悲傷，因為我們都必須死亡。我們今天來這裡，就是希望解決死亡的問題，最有智慧的方法，就是遵循佛陀的方法。當我們做決定時，請依照佛陀的智慧做選擇。我們可以從《心經》或《金剛經》得到智慧，心經的全名是《摩訶般若波羅蜜多心經》，其中的摩訶般若就是大智慧的意思。」

禪師問香：「你知道《心經》對嗎？」

香：「有在誦，知道空性的部份，懂一點點。」

禪師：「如果一切都是空，你會做什麼？」

香：「會不執著，但是在當下還是會想該怎麼辦？有時候就是會徬徨。」

禪師：「不要把因緣放掉，但是要把慈悲放在空性裡。」

香：「我知道空性，對死亡我也不執著，因為知道最後都是空，但是總是希望自己能在這段時間多努力些，能奉獻自己，這時就會起衝突，會起煩惱。」

禪師：「第一件事要了解的就是『物質跟自己都會死亡，但空性不會死亡』，不生不滅，你永遠不會死，我們都不會死，只要做一件事，就是要利益眾生。你要先了解《心經》講的空性是什麼，然後再向《金剛經》學習，《心經》所示的空性不是「空無」的空，《心經》裡說的真正的空是要發菩提心**（註）**的，發菩提心才是空性。」

（註）菩提心，亦即無上正等正覺的心，也是《心經》提出的渡眾生到彼岸成佛的心。

如何體驗空性？

香很精進，繼續提出了第二個問題：「如何減低對他人的分別心，去除評斷他人的習性，視眾生皆平等且能欣賞他人的優點，並且隨喜讚歎？」

禪師：「我們平常要養成慈悲心，《心經》談的空性就是慈悲。如果你真正了解空性，經驗空性，它本身就是慈悲！」

香：「如何經驗空性？」

禪師：「只要觀察自己，觀察自己是空的，觀察自己是假的，你的身體都是假象，它不存在；如果你認為身體是真的，那就是完全錯誤的了解，請不斷的觀察自己。」

禪師問香：「《心經》說的菩薩是誰？」

香：「觀自在菩薩。」

禪師：「你就是觀自在菩薩，你必須觀察自己有無自在，這樣你就了解空性是什麼，請真實的觀察自己，觀察身、心，長期不斷的自我觀察，當自己能經常的觀察自己時，會找到自己的錯誤；當找到自己的負面行為時，就可以改變自己，走向正道！當你能好好的觀察自己，了解自己是空性時，那時你就可以真正的助人、利益眾生。那時《金剛經》的智慧就會產生，當你真的了解金剛般若波羅蜜時，你就可以加入大乘菩薩的行列！」

「身處當下」不是佛陀的教誨

今天的提問者是一位年輕的居士，以下是禪師智慧答客問的記錄。

客：「今生有幸聽聞佛法，如果按照佛陀教誨，我們是否也要透過閉關才能證阿羅漢果？或者我們時時處於當下、修禪定、不要被經驗所左右，就可以超越生死？請告訴我們由實際面要如何開始，請不要再提空性，我想要實際的做法。」

禪師：「謝謝你的提問。佛陀為何六年苦修，是因為希望利益眾生，因為有利益眾生的大慈悲心，所以修行。我們為何要正確的了解空性，因為你要知道你是誰，你就是空性。當我們知道自己是誰，我們生活會變成怎樣？」

客：「就剩下當下！」

禪師：「不！這答案不對！如果你懂得空性，為何還要活著？」

客（沉思……）：「因為我們現在就在當下，過去、未來都是虛妄的，我現在就只有當下的這個時空。」

禪師：「這不是佛陀的教誨。這不是佛陀教的空性。你知道《心經》嗎？你知道《心經》是一個大智慧的經典，透過《心經》，我們瞭解真正的空性是什麼。」

客：「照見五蘊皆空，自我是暫定的，『我』是空性創造出來的產物，永恆不變的自己，空性就是我，我就是空性……，這些從道理上我能理解。禪師可能已經在果位上，但我們要如何達到如同禪師的境界？」

禪師：「如果你真正瞭解空性，空性就是那個果位，那你會做什麼？」

客（沉思……）：「活好當下。」

禪師：「如何做到過好當下？」

客（苦笑……）：「請師父開示！」

禪師：「你真的要先完全瞭解《心經》，下一步就是瞭解《金剛經》。如果你真的瞭解《心經》的空性，你就可以成為大乘菩薩。如果你真的瞭解佛陀教誨的空性，你就走在菩薩道上。所有開悟的大師或佛陀，不會停在空性這一點，因為空性就是慈悲。當你的慈悲自然的由心而起，你就瞭解空性了。

「當你得到空性的證悟後，你的工作就完成了。這個時候你的自我都消失了，因為我是空性。無法執著於空性，因為在空性證悟中只有一個大慈悲心。當你說活在當下，是指活在大慈悲中，當有人說瞭解空性，但沒有大慈悲心，他就沒有空性。不要活在假的空性的快樂中，當你真正瞭解空性，你會消失掉！

「當佛陀有人身時，他從來不會擔心他的身體會怎麼樣，他只想著如何利益眾生！當你還有自我的概念時，表示你沒有瞭解空性，請不斷的內觀自我。要完全觀察你的身體、思想、情緒。要很關注自己的自我，是被三毒心控制或是被外境控制；不要被自我欺騙，因為那個自我不存在。要有佛陀的意識，睡覺的佛陀要醒過來，然後你就不會問任何問題了，因為我們將會很忙碌地利益眾生。」

客：「空性如果等於慈悲，但我們深層內在是提不起慈悲心的，能否先由小一點的目標，例如證阿羅漢果開始？」

禪師：「阿羅漢的意思是不再學習，你覺得現在沒有東西可以學了？」

客：「有點這感覺，感覺沒有學習的動力。」

禪師：「當一個人覺得不再需要學習，表示覺得自己沒有問題，也沒有慈悲心去幫助別人。你承認自己是這樣的人嗎？」

客：「我覺得自渡才能渡他，我自己沒有能力的話，不適合協助他人，現在還是覺得要先自渡才有可能協助別人。」

禪師：「阿羅漢的意思是無學，當自我消失，就會去利益眾生。你喜歡哪一本經典？」

客：「都有涉獵，主要是《心經》。」

禪師：「佛陀教了空性二十年，然後就去教比較高級的經典，你為何不去學更高一級的呢？」

客答：「沒有時間與因緣！」

禪師：「請從現在開始學習。今天有很好的因緣。如果《心經》就是佛陀最好的教誨，祂教完《心經》後應該就會涅槃，但是祂沒有。

「當你了解《心經》後再讀《金剛經》，讀完後，就可以往前走。修行人有聲聞、緣覺和菩薩三種，菩薩是比較高的果位，阿羅漢雖然開悟，但仍是聲聞眾。

「六祖惠能就是聽到《金剛經》的一句話而頓悟，走上成佛之道。《金剛經》是很重要的大乘之路，請你要修習《金剛經》，這是走上大乘的第一步。

「當你走在菩薩道上還是不要忘記《心經》，雖然我們是大乘菩薩，《心經》還是要帶著一起走。那時就會『無事中有事』，不要留在『無事』的境界，在『無事』中我們有很偉大的事情要做，佛陀雖然安住在無事中，仍然忙碌的利益眾生。

「大乘菩薩的果是『無事』，但永遠都在『有事』，為何佛陀降生這個世界，就是如此。如果他不是無事中有事，我們不會跟隨到佛陀！你要快點！當佛陀證悟後，就有這麼多事情要做，如果你覺得開悟是『無事』，是一個錯誤的知見，當你開悟後，你想按時吃飯都不可能，成為佛陀是很不容易的，決定一下！」

客：「我很忙碌的。」

禪師：「大乘菩薩都覺得阿羅漢不怎麼樣！（笑）有四個果位。第一個果位是須陀洹果位，就是進入真理的果位，這是一個進入真理之路的開始，我們會進入佛陀的路，能到達這個果位就很不容易了。你還沒有進入第一個果位須陀洹的路，就想要成為阿羅漢？

「須陀洹已經是聖人了，到達這個果位表示你的三毒心已經消失。如果你還有任何欲望，你不能走到須陀洹。請一步一步學習，這是不容易的，如果不放下所有的執著，你無法走到須陀洹。

「在生生世世的輪迴中，我們一直重複在『有信心、沒有信心』的起伏、反覆，有時聽到大師講話有道理，有時又遺忘。如果你有智慧，就不要陷在這樣的輪迴裡，養成斷絕的習慣，我們要決定斷絕這樣的痛苦。只要你有任何執著和欲望，就無法逃脫受苦。如果你真的瞭解佛陀的教誨，請趕快走到佛陀教誨的路上，三毒心是容易去除的，淫欲心是不容易的。」

客：「如何去除淫欲心？在家居士如何超越這些？」

禪師：「佛陀已經有教誨如何超越，請按照佛陀的教誨。如果有智慧又有決心，一定可以超越淫欲心；如果遇到善知識，一定要放下你的自我，才能學習。你不能用你的頭腦知識和善知識接觸，放下你的自我，因為佛陀的教誨都是當下的，如果不放下『假的自我』，你無法再學習。

「今天在場的所有人，如果都有真誠的心求法，現在就可以開悟。每一位菩薩都在等待我們開悟！在座的各位都有很多事情要去做，因為有很多執著，無法放掉欲望。我已經知道這件事，但我要在你們的心裡種下正確的種子，即使你這一世不會開悟，也不要在下一世進入三惡道。如果你準備好，當下即可開悟，你沒有準備好，所以就會非常難開悟，請用真誠的心準備好。我們不知道何時死亡會來，你確定下一世不會進入三惡道嗎？」

客：「不確定！」

禪師：「你確定你下一世還可以成為人身嗎？」

客：「不確定！」

禪師：「你確定你下一世會在一個沒有痛苦的世界嗎？」

客：「不確定！」

禪師：「你還沒準備好，你應該要趕快準備。我們都要趕快準備，因為不準備就會進入三惡道。趕快準備，我們下一世就會真正得到佛陀的教誨。我們再降生時應該投胎在一個沒有痛苦、沒有貧窮的快樂的世界。請準備三件事，你確定要準備好嗎？」

客：「我確定！」

禪師：「請不要再想阿羅漢這件事了，因為如果沒有準備好，你會先去地獄，根本不會到阿羅漢。你的心是真誠的就可以學習到佛陀教誨，我們不會在言語中得到這樣的教誨。

「第一件事是在夢中不要忘記皈依三寶。即使正在噩夢中也不要忘記皈依三寶。當你房子失火時不要帶任何東西走，帶走皈依三寶，如果你記得皈依三寶，你永遠不會墮入三惡道。你現在心裡覺得『這很簡單，我可以做到！』其實在那個當下是很困難的。請你在心裡種下要皈依三寶的強烈決心。

「第二件事是在心中要種下大願的種子，像佛陀一樣的願。你本來就是佛陀，所以我們要做佛陀的事，做眾生事就是眾生，做佛陀事就是佛陀。佛陀利益眾生，眾生只做佛陀的事。如果你不做佛陀的事情，你不會成佛！

我要在你們心裡種下正確的種子，即使你這一世不會開悟，也不要在下一世進入三惡道。
◎照片提供／鄭鈞鴻

「佛陀永不會被五種欲望控制。佛陀是完全解脫淫欲心的人。放下淫欲心很重要，淫欲心會讓我們執著身體，會進入生滅的循環。你一定要守五戒，這是第三件事。」

這位年輕居士從想要快速修成阿羅漢，禪師循循善誘的解釋阿羅漢的意義，讓他了解大乘菩薩的重要性，及循序漸進的修行方式，斷絕他「活在當下」就是修行的想法，請他放下自我，證悟空性，大慈悲心自然產生，也當然會在無事中有事，忙碌的利益眾生，這樣才能真正走上菩薩道。

在這段開示，我看到禪師因材施教，用了不少的慈悲方便法門，例如：用果位來吸引這位居士，用居士熟悉的《心經》來提問，同時也破除他對無學、快速及自我的執著。感恩這位居士的提問，讓我也同受法喜！

煩惱轉菩提

Ａ女士提問：「煩惱即菩提，如何將煩惱轉菩提呢？」

禪師：「既然煩惱已經是菩提了，為何還要轉呢？」（眾人大笑）

禪師繼續補充說明：「我們都是佛，也都是眾生；眾生是做夢的佛，你想要做那種夢？你可以做佛的夢，那就是佛；你做眾生的夢，那就是眾生。不管你做的夢是眾生還是佛的夢，你已經開悟了。你想要夢到眾生，還是夢到佛？我們來這裡，就是希望大家做佛的夢。」

眾人聽完，都在安靜的反思中。到底我在做的是什麼夢呢？我如何做「佛」的夢呢？

如何真正助人？

一位年輕的居士傳問道：「修行如何當壞人？我看到對方受苦，好言相勸時，對方聽不懂，只好換個方式生氣的跟對方說。但是在生氣當中，如何保有慈悲？生氣的時候，自己會『破功』，實在是無法慈悲。」

禪師：「當你在幫助別人卻有生氣的情緒時，這個時候最好不要幫助別人。當對方不想聽你說話時，對方就是『不想』，不要強迫對方聽，這才是真的幫助對方。」

傳：「所以是要看著對方下地獄嗎？」

禪師：「在這個世界，我們幫助別人，其實是在打攪對方。真正的助人是要帶領他走佛道，一般方法是無法解決生死問題的，佛法才能真正解決問題。

「如果你真的了解整個世界是一場夢，有這樣的覺察與了悟才可以幫助別人。廣大無邊的天空，永遠不需要幫助；不要執著於幫助別人，自己先成為廣大無邊的天空，再來助人。

「你是偉大的眾生，每個人都是偉大的，先了解沒有必要幫助別人，你要先發展自己，每個人都是珍貴的，我們如何決定誰比較快樂？是總統、還是禪師比較快樂呢？沒有什麼人可以被別人強迫，快樂是自己內求的。當外面下雨時，你可能覺得收垃圾的人很窮苦、不快樂，但是他可能不覺得。

「當你覺得『別人不好』，這不是一個好方法，每一個眾生都是『未來佛』，時間很快就過去，受苦很快就會結束，受苦是未來成佛的種子，即使我們現在有錢，生活得好，但千萬不要自大，覺得別人不如我，我們不知道誰會先修成無上正等正覺。讓我們無法成佛的原因是『我慢』、『我痴』、『我見』、『我愛』，如果你真的要成佛，你必須看眾生是佛！」

佛看多元成家

年輕的傳提出的第二個問題是：「佛教對多元成家的看法？」

禪師：「每位眾生都有男與女在內在。如果你外型是男人，內在仍有女性的特質。反之亦然。佛陀的教誨是修行人是不結婚的，因為我們每人都有男與女的內在。

「當我們出生時，是因為父母的結合而生，這意思是男、女都在我身上，我是女性，我也有男性的特質躲在身體裡。實際上『我』是由男女結合而成的，一半由母親來，一半由父親來，我們原來就是完整的，是一個完整的結合。

「然而由於我們不能內觀自己，所以男人不斷的往外找女人，女人不斷的往外找男人，其實只要往內，我們都找得到。找到最後，男人對女人說：我終於找到我的另外一半了！但是結婚後，卻發現這個人不是我要的。如果你真的往內看，你的內在已經有一對夫妻了，因為我們沒有內觀自性，才會去往外找。

「一般男女或同性戀都是同樣的問題，每個人都可以選擇自己的對象，但是當我們不斷的內觀，我們會知道自己本身就是完整的，不需要往外找。如果你喜歡一個人，不要執著於愛，同性戀沒有錯，執著才是問題，同性戀、異性戀都沒有錯，因為喜歡他人是正常的，但是對待他人要有平等心，在找到自性前，我們要彼此幫助。如果有人說他人不好，看到別人的錯，或討厭他人，那個人就要結婚。因為我們每個人都有同樣的錯。我們不是物質的存在，我們要斷掉向外找的需求，要往內找完美的自己，不要依靠男性或女性，要依靠佛性，這就是佛陀的教誨。

「如果你喜歡一個人，這個人的特性在你的內在都找得到，未來你一定找得到。請依靠偉大的自性，你會找到自性，沒有什麼事比自性更美好！如果我們找不到自性，我們的意識會一直沉淪。你已經有偉大的佛性了。」

佛陀生氣法

禪師很關心我們及去年來過的庭的意識有沒有提升。以下是庭的提問。

庭：「我們一直有習氣，但都是習氣出現後才發現。如何每天有防護心，不讓習氣產生而造業？」

禪師：「習氣是讓我們成佛的，你的習氣是什麼？」

庭：「有時候不歡喜或是憎恨心。碰到那狀況就是會生氣不高興，每次這樣的情形出現，是會提醒自己，但是我想如何有防護心，讓這習氣不要一而再、再而三的出現？」

禪師：「一個經過訓練的軍人，他可以打仗打得很好。這樣的問題，你要不斷的修習就會改善。」

庭：「如何提升自己的防護心呢？」

禪師：「你聽過《心經》嗎？你如果遵循《心經》的教誨，那就應該沒有問題。

「我們現在知道有一個差距，是跟現在的狀況有距離，當我們不斷的修習這差距就會縮小。最後知道的和做到就會一致，沒有人可以幫你縮短這距離。

「事實上我們生氣時，知道應該馬上放下，但是做到放下總是在生氣之後。

「在生氣時你知道要放下，但是沒有辦法控制自己，所以總是生完氣才放下。在做之前其實我們都知道何種對、何種錯──我們沒有及時做到我們知道的事情，代表我們就是眾生。

「現在你在學習《廣論》，《廣論》的意思就是要一步一步慢慢來，如果你不想要全靠《廣論》，要馬上縮短距離，有個可以很快做到的方法，就是即佛。

「你在學習《廣論》，其實心中已經相信我跟成佛是有距離的。在即佛裡沒有次第，就是即佛。你現在想成佛，然而學習《廣論》會一步一步地走，這時你會想：成為佛，離現在還有一大段的距離。

「你必須學習佛成為佛，不是眾生成為佛，而是佛成為佛。這時你會了解『生氣』與『慈悲』是不二的，如果你仍然有執著，這不是別人的錯，是你自己的錯。你想要慢慢縮短眾生和佛的差距呢？還是馬上縮短？」

庭：「馬上。」

禪師：「沒有人阻擋你啊！佛陀和眾生沒有距離的，是你自己創造了差距。這是因為你還有很多的執著、依附與需要，因為你還有很多事想要做。

「除非你是即佛，否則你的生氣沒有辦法幫助你的，你的生氣應該像佛的生氣，因為佛的生氣是沒有過錯的，所以你生氣時不要像眾生一樣，要像佛陀一樣。」

庭：「如何像佛陀一樣的生氣？」

禪師：「要用大慈、大悲、不二的心生氣。」

庭：「若以『我是為你好』，我像佛的生氣這樣就行嗎？」

禪師：「ok，Thank you！如果你生氣是為了對方好，那是ok的；但若生氣還有很強的自我，那是不ok的，那不是佛的心。把自我丟掉是不容易的。」

「在到達佛地之前可以把『生氣』當成是一個方法。你如果想用『生氣』來幫助他人，第一需要智慧，有智慧就可以用生氣的方便法門，你要確定這樣生氣不會傷害別人。這就是為何我們需要智慧，事實上每天用慈悲心是危險的。」

禪師：「我們第一要先發展智慧，請問要如何做到？」

庭：「先發菩提心吧？」

禪師：「如何發菩提心？」

庭：「從別人的腳步思考問題，不是從自己出發。」

禪師：「你先要以智慧，智慧有了，菩提心自然升起。要先知道什麼是智慧，才可以發菩提心。你在《廣論》應該已經知道何謂智慧，從《廣論》裡也可以知道如何發展智慧。」

庭：「所以不是從佛陀的教誨去學習智慧？」

禪師：「有些經典教我們如何發展智慧，你知道有哪些嗎？」

庭：「《心經》。」

禪師：「對！當真正了解般若波羅蜜時，可以發菩提心。當你知道空性、知道無我時，你就可以發菩提心，瞭解了嗎？」

庭：「謝謝！（韓文）」

禪師：「你怎麼會說韓文？」

庭：「從韓劇裡學的。」

禪師：「不要再花時間看韓劇了，要讀經。修行人沒有時間看韓劇的，生和死現在就在發生，哪還有時間看韓劇啊！」（眾人大笑）

禪師繼續開示「：你要了解完美的空，先從《心經》裡去了解，再去了解《金剛經》。如果我們先學習《金剛經》，而沒有先理解《心經》，那是不夠的，要先了解《心經》。」

相：「了解《心經》的智慧是要透過上師的指導？還是透過禪定？或是有其他的方法？」

禪師：「你已經瞭解《心經》的意思了嗎？」

相：「不懂。」

禪師：「你要先讀《心經》，想辦法瞭解它。你如果不了解《心經》的意義，不可以學習佛法。佛陀教《心經》、《金剛經》二十年後，才開始教大乘佛教，你如果真的要了解《菩提道次第廣論》的真實意涵，一定要先瞭解《心經》，《菩提道次第廣論》裡有《心經》的材料，可能在最後面，所以你還沒讀到。」

不殺生

米是一位用生命作畫的知名藝術家，住在山裡，務農繪畫為生，禪師去年曾經去看過她的畫，被她的畫感動。今天米遲到了。

禪師：「你好嗎？因為遲到了所以你要問問題。」（眾人笑）

米：「當作為一個農人時，我在樹和昆蟲之間猶豫，到底要照顧樹還是照顧昆蟲？除掉蟲這件事讓我很不快樂、很不舒服。」

禪師：「這件事很重要。我們要深思，雖然我們要守五戒，不殺生，但是我們在生活中都殺了很多生。每一位眾生都要死亡，死亡讓下一世可以過更好的生活，就像蛇為何會褪皮，也是因為要把身體變得更好。我們不能殺任何人的生，因為生命是寶貴的。沒有人想要去三惡道，但是每一個眾生又要死亡，佛陀教我們如何脫離三惡道，我們自己本身要先接受死亡。

「如果戰爭發生時，年輕的士兵會死亡，在這黑暗世界裡我們有一共業要受。如果要解決殺生的問題，首先我們要開悟。但在我們開悟之前，我們不是殺人就是被殺。面對一位快死亡的人，我們在旁邊以真誠的心祈禱，他就不會去三惡道。

「我現在要講一個例子。有兩位修行者閉關完畢，他們想去外面走走，當這兩位修行者進入森林時，他們都踩到了昆蟲。他們並不是真的想要殺生，而是因為沒看到，不小心踩死了。那是當下發生的事，所以也沒辦法想太多。其中一位修行者想反正他不是故意殺生的，只是當下發生的不幸，所以他繼續走他的路；另一位修行者看到蟲被他踩死了，他覺得很羞愧，他發心將來成佛，一定也要幫助這昆蟲成佛，而不墮三惡道。

「第一位修行者，沒有管殺生這件事，死後他就去了地獄。第二位修行

每一種眾生都能成佛，透過這真誠的心，每一小昆蟲都能獲得自由。◎照片提供／鄭鈞鴻

者，他在投胎時成為了人身，那昆蟲投胎成為國王，而這位國王後來支持這樣的修行者成為佛陀。

「所有的眾生都是互相聯結的，所以我們一定要有利益一切眾生的心。每天我們都可能會殺生，殺昆蟲時，我們在當下應當要替牠祈禱未來成佛。

「我們的世界是一個假象，但我們有大慈悲心的想法時，這假象會變實相，一切由心造。透過這真誠的心，每一種眾生都能成佛；透過這真誠的心，每一小昆蟲都能獲得自由。

「當你在農場工作時，早上與晚上都要替牠們祈禱，希望牠們都能成佛，同時自己也能行菩薩道，每日祈禱文裡都有。」

米：「我祈禱完再殺牠們嗎？」

禪師：「不可以殺生。」

米：「身為一個旁觀者，我如何看待樹木的死亡？兩種蟲會導致樹的死亡，我不願意殺牠們，但還沒有找到更好的方法。」

禪師：「佛陀的教誨是不可思議的，除非你到達某一境界之前，請盡量不要殺生。殺生有很多的業力，有人收到很大的業報，有人收到的是很小的。你如果有一顆真誠心的話，你的智慧自然會增長。請盡量不要殺生，現在有慚愧心是好的，請你現在先懺悔與替昆蟲祈禱，所有的答案都在每日祈禱文裡。」

禪師：「你有沒有聽過我菜園的故事？」

米：「沒有。」

禪師：「當我們種菜時，蟲把我們的菜都吃光了。我們嘗試了很多方法，例如把蟲放到另外一顆包心菜上，但是我們的菜，有時完全不能收成，有時只收成一半，我們那時也很恨昆蟲。

「但有一天我們改變想法，我們跟蟲說：你先吃，我們慢點吃。後來發現蟲吃剩的菜，對我們來說已經很足夠了。

「我可以理解你受苦的心，但是要用大慈悲心來看這事情。開悟之前我們要利益一切眾生，至少終身不殺生。如果你有智慧，會想到非常多的方法，請發展這樣的智慧。若我們是偉大佛陀的偉大弟子，我們必須用這樣的智慧。

米，如果你真的發菩提心走大乘菩薩道，昆蟲自然會走開的。不要因為這小事情，為了保護樹而放棄了你的大願。」

米：「我不擔心菜被蟲吃，不夠菜的話我會去超市買，但只有兩種蟲，椿象和天牛，牠們會把樹弄死的，所以我會去殺牠們，如果牠們不在樹上，我是不會殺牠們的。」

禪師：「什麼理由那你覺得殺昆蟲是ok的，殺樹是不ok的？」

米：「因為我比較喜歡樹。」

禪師：「這是愚蠢的想法，樹是無意識的，昆蟲有意識的。殺昆蟲的罪惡比殺樹大。木頭要長成大樹，所需要的時間是短暫的；但是一棵樹要成為昆蟲，是需要很久的時間。樹不會因為死亡而不見，樹和森林都是昆蟲的家，蟲不會殺死樹的。

「你有沒有看到網站上菜園的照片？看似蟲把包心菜吃光了，事實上過了一個冬天，包心菜又長回來了。當樹被砍掉時，會長出更多的樹。三十年前，我看到一棵老樹要死了，幾個月前我經過那棵樹，發現它長出新枝了，這是我剛剛看到的事情。」

米：「第一，我想要澄清，包心菜的蟲和吃樹的蟲不一樣。第二，我還要理解樹的意識是否真的比昆蟲少？第三，我知道這樣做是我的分別心和愚蠢，我會盡量不去這麼做，我會去發展更有智慧的方法，謝謝禪師！」

禪師：「不是樹沒有知覺，是樹有很清淨的知覺。樹比人還要美，因為有花有葉，但是樹成為佛的可能性是低的。事實上，所有的人、貓、狗的baby 都很美，baby 很清淨，但是我們不會說他們很偉大。我們要成為佛，才能解決問題。成佛之前請先把自我放下。有不好的昆蟲吃你的樹那是有原因的，請祈禱昆蟲成佛。

「你要殺昆蟲之前，要先有般若波羅蜜智慧，即使你了解般若波羅蜜智慧，還是會受殺生的業報。真理就是『自作自受』，真想學習到真理的話，就不會去殺昆蟲，因為我們無法想像這真理有多偉大！

「佛陀有一弟子叫難陀，當時難陀不想出家，佛陀想強迫難陀出家。

「難陀說：『我美麗的太太在等我，我不能出家。』

「佛說：『當你開悟的時候，你的太太絕對不值得你留戀的。』

「難陀：『佛，請不要說謊，大家都說我太太是最美的女人！』

「於是佛陀帶難陀去天庭看美女，看完難陀說：『我要出家了。』（眾人笑）

「難陀一直對太太那麼執著，就像我們對這現實世界很多東西的執著是一樣的，凡所有相皆是虛妄，若見諸相非相，即見如來。」

Tim：「農人或是園藝人員都會碰到和自己職業相互衝突的問題，例如傷害眾生的問題。我們大家是否可以來稍微討論一下？」

禪師：「佛陀誕生是為一大願而來，佛陀來是想拯救所有的眾生。兩千五百年前，佛陀並沒有完成祂的工作，但這不是佛陀的錯，是我們的錯，因為我們沒有準備好。

「在這世界裡我們很難拯救所有的眾生，我們非常瞭解拯救眾生的重要，但是我們做不到。佛陀拯救我們，但我們又掉下去，佛陀又再一次拯救我們，但我們又再次掉下去。一個喜歡喝酒的人，當他喝酒喝到胃很不舒服時，他會決定不喝，但是醒來時，他又繼續喝酒。

「在佛陀還是王子時，在他的王國有一個農業博覽會，他和國王去參觀農業博覽會，當時佛陀在樹下看到農夫耕種翻土而有蚯蚓跑出來，蚯蚓接著被在上頭的鳥吃掉，他看到了這樣的循環，非常的難過，佛陀覺得沒有辦法逃出這樣的循環，他想要找出方法解決這樣的問題。所以佛陀出家時有一個大願──當我出家時，我要讓所有眾生都能成佛！在各種眾生中，佛陀把人當成第一個實驗的對象。

「佛陀知道如何了脫生死，佛陀知道所有眾生都可以了脫生死。我們解決這問題不能經過討論，我們必須要產生大慈悲心才能解決這問題。所有殺眾生的人和被殺的眾生最後都會成佛，因為有佛、法、僧三寶，所以眾生都可以成佛。

「不知道三寶的人不知道如何開悟，我們只要用大慈悲心祈禱他們將來成佛。

「當我們因為一大事因緣和佛陀在一起時，我們將來一定也能成佛。現在的思維不重要，不用悲傷，重要的是未來我們會成佛。請結好這一大事因緣，請感恩佛陀為了一大事因緣來人間，為了讓我們成佛。

「如果我跟佛陀有一大事因緣，無論是眾生殺我或我殺的眾生，最後都能成佛。

「所有現象都是假的，我們沒有辦法讓它完美，所以我們要等待時間，不要忘記大願和皈依三寶。

「千萬不要失掉一大事因緣的願力，因為一大事因緣我們會成佛，所有被我們殺生的眾生，最後都會因為一大事因緣而成佛。千萬不要忘記佛陀為了一大事因緣和我們結緣。

「農夫很久很久以後會成為佛，因為這世界已經無可拯救了，但這一群農夫中的一個或兩個可以逃離這種業力而成佛。

「當你決定這世界不是永久存在的，是受苦的世界，你就可以成佛。

「要想快一點從痛苦中解脫，要有智慧，若擔心受苦，就要先取得智慧。

「不要失去對佛陀的信心，要行五戒。

「若對這世界還有執著的話，你就會殺生；因為還有欲望留著，你就會為這殺生找所有的藉口。我和所有人一樣都必須經歷這過程，在我還沒有獲得佛陀教誨之前，我也殺生非常多，還好我學習到了佛陀的教誨，所以現在我可以脱離殺生。

「假設我們擔心這些農夫的受苦，那他們自然可以逃離這些痛苦，我們需要大願讓農夫們清醒，讓他們了脱生死，我們幫助他們，他們就可以成佛。

「佛陀已經把一大事因緣種子給我們，請做一大事因緣的事，種下佛陀的種子，自然就會開花結果，我讚美 Tim 有一顆對眾生大慈悲的心。」

身體還是你的嗎？

林是一位大學生，暑假才去法鼓山參加了禪修營。他問：「『身見』要怎麼破？」

禪師：「我們固定的見解是不存在的，請你仔細的去看，有沒有一個固定的見解？如果你認為有一個固定的見解，那只是一個幻象。如果你認為是有固定的見解，可以告訴我那是什麼樣的一個『見解』嗎？」

林：「打坐時腳會痛，知道它會痛，但無法脫離痛的感覺。」

禪師：「身體痛的時候把腳伸出來就不會痛了，就是那麼簡單的方法，為什麼你要那麼辛苦保持痛苦的姿勢呢？問題是你想維持一個固定的方式，要讓血液流通，本來就應該讓身體動，因為你想固定身體不動，所以你才會覺得痛。因為你覺得身體是你的，所以這些苦痛才會跟著你來。

「如果你發現你是『無礙通』的，那麼所有的受苦都會結束。當我們用繃帶綁手一個小時再鬆掉它時，手自然會瘀青，所有的痛苦都是因為我們認為身體是我。身體不是你，真正的自己是『無礙通』，請找到真正的自己。就像電流，它是可以無礙通過電線的，我們不能比電線還糟糕。要找到你的完美，不能從外面找，要往內看去找到它。

「什麼東西可以完美的穿透與通呢？我們有眼、耳、鼻、舌、身，那一個比較『通』？」

林（回答不出來，問了另一個問題）：「意識是什麼？」

禪師：「當你現在正在想，這就是意識。那你的意識可以和佛陀相通嗎？」

林：「……。」（停頓很久）

禪師：「不通。」

林：「但我要和佛陀通。」

禪師：「和佛陀相通就不會有問題，為什麼我們要修行，就是想跟佛陀相通，眼、耳、鼻、舌、身，哪一個方法都不重要，但最重要的就是要跟佛陀相通。為什麼你無法和佛陀相通呢？」

林（不好意思的笑）：「因為我沒吃素吧。」（大眾笑）

禪師：「你仍然擁有一顆善良的心！不過，你說得對，沒吃素是重要的原因。如果你成為一個完美的素食者，還是無法跟佛陀相通的話，請你來告訴我，但是在成為素食者之前，就不要再問問題了。」（大眾笑）

生命的意義：一心

林接著問了第二個問題：「生命的意義是什麼？」

禪師：「你現在活生生的，這就是生命的意義。每個生命都想要活著，每個生命都想要完美，這就是生命的意義。生命的意義指的是一切眾生都要完美、圓滿、快樂，所以活著的眾生都應該要求解脫，但我們都迷路了。」

林：「什麼是『不二』？」

禪師：「萬物都在虛空中，在整個宇宙中沒有一樣東西是分開的，而它們是存在完美的空裡，這就是『不二』，『一心』就是『不二』，眾生都沒有分別，就是『不二』，每個生命都是合一的，就是『不二』。這樣，你瞭解了嗎？」

林：「『一心』是什麼？」

禪師：「『一心』是中文，你應該比我更懂才對，因為我是韓國人。你覺得什麼叫做『一心』呢？」（眾人笑）

林：「眾生平等。」

禪師：「眾生是整體合一的，只有一個，所有海裡的波浪其實都是海，海浪和海是合一的，海浪和海不能分開，每一個浪都是單獨的浪，但它卻是整個大海的一部份。那你現在懂『一心』了嗎？……，我覺得你還沒有懂。」

（眾人笑）

林：「一心就是所有東西的本質都是一樣的。」

禪師：「只有『本質』是一樣的嗎？如果『非本質』就不一樣嗎？」

林：「這太難了。」（眾人笑）

禪師：「那你為何要問這麼難的問題呢？在問之前要深思，你覺得這問

你真正的心其實是不動的。
◎照片提供／鄭鈞鴻

題困難的原因是因為你沒有吃素。」（眾人笑）

禪師邀請一位坐在第一排、第一次來的黃女士提問。

黃問：「請問如何做『一心』的修行？」

禪師：「這之前你是怎麼修行的呢？」

黃：「冥想、靜坐。靜坐時心有雜念阻礙，心會奔騰。如何往上提升，讓這意念超越身體？」

禪師：「第一你必須要了解，當你的心起伏時，你已經是一心了。如果你的心起起伏伏，那其實是一種幻象，不是真實的，你真正的心其實是不動的，就像做夢一樣，夢裡跑來跑去，但事實上你是躺在床上，從沒有動過。上上下下起伏的心念，其實沒辦法維持很久，事實上這起伏不會永遠的，不要去想怎麼拿掉起伏，而是應該讓它維持永遠的起伏。哪一個比較難？不要讓它起伏，還是讓它永遠起伏？」

黃：「不讓它起伏，是否認它起伏，我沒有否認身體的存在，也沒有否認心的奔騰，但要如何修行從『小我』走到『大我』？」

禪師：「小我、大我是不二的，只要把你的迷惑拿掉，小我和大我就沒有差別了。」

黃：「所以，如果我是一隻魚，在大海中，我是海，海也是我嗎？」

禪師：「你剛剛說魚和大海是一樣的，但如果仔細地觀察，魚是不存在的，只有般若智存在，全部都是空的。所有現象都是空性，看起來好像存在，但它是一場夢。不要想去行動、作為，只要觀察自己的空性即可。」

黃：「所以魚要離開大海，面臨生死存亡時，才會發現大海是空的嗎？」

禪師：「沒有生、死這件事，不要掉入生、死的想法裡，自無始以來就沒有生、死，不要害怕，要有大信心，每天念祈禱文。大信心讓我們不害怕，請注意我們自己本身就是自由、解脫而且是圓滿的，請不要失去利益眾生的慈悲心。」

行深般若波羅蜜

楊是一位飽讀佛經，對佛法有非常深入了解的居士，今天來聽法，提了一個好問題。

楊：「《心經》裡說菩薩欲照見五蘊皆空，就必須要行深般若波羅蜜多時。請問禪師，如何行深般若波羅蜜？」

禪師：「這個問題很珍貴！楊在韓國跟我住了一陣子，他知道的比我還多，我帶楊與一群人去參觀韓國的禪寺，結果是楊在介紹所有的禪寺。我當時很驚訝楊竟然比我還懂，如果我離開台北之後，你們有任何問題都可以問

楊。今天這個問題可能楊已經有答案了。」（眾人笑）

楊：「我必須承認這個問題對我而言沒有答案，我非常渴望知道這個答案。」

禪師：「楊是有一個大慈悲心的人，為了大家問這個問題的。有些時候我們想問一些問題，可是我們不知道如何提問。在佛陀時代，很多人想要問佛陀問題，可是不會問，所以文殊菩薩為這些人問問題。

「行深般若波羅蜜，如果能夠行深，就能照見五蘊皆空，就會渡一切苦厄，經裡是這樣寫的。

「般若的意思就是佛陀的智慧，就是開悟的智慧，知道真理的智慧，知道空性的智慧。所以有這樣的智慧，我們就能逃離一切的苦厄。因為這個智慧實在太廣大無邊了，所以很難解釋，就稱之為般若智慧，廣大無邊的智慧就叫做般若智慧。最後的真理是般若，其實無法用言語來表達般若是什麼。現在告訴你什麼是般若，般若就是空性，所有的現象是不存在的，所以要得到般若智慧，一定要先從戒開始，再打坐，才會得到智慧。

「大家知道觀世音是誰嗎？觀世音在很多劫以前就已經是佛了，但祂卻行深般若波羅蜜來成為佛，在祂行深般若波羅蜜之前，祂的名字叫做觀自在，觀自在菩薩因為行深般若波羅蜜，後來就叫做觀世音菩薩。如果大家修習行深般若波羅蜜，我們就會變成觀世音菩薩。觀自在的意思就是要往內『觀』自己，不要管外界的這些假象，都一直回頭觀自己，那這就是一個真實的修行者。觀自在的意思是你不斷的往內觀自己的心，找到你錯誤的行為，發展你善良的行為，這個時候就叫做觀自在。如果真的經常觀察自己的話，就是位真的好的修行者。如果你觀察完整的空性，你就是真實的修行者，如果不斷觀完整的空性，你就會行深般若波羅蜜。

「如果你成為觀自在菩薩，你其實就知道五蘊是空的，如果能夠放下所有的名相，放下所有的二分法，我們就是在行深般若波羅蜜。如果腦袋充滿了煩惱妄想，就不是行深般若波羅蜜。開始行深般若波羅蜜時，還是要行五戒，五戒是利益一切眾生的，當你行五戒的時候，你的頭腦是比較清明的，這個時候就容易觀察自己的心，才有辦法做到行深般若波羅蜜。如果你真正觀察到自己是空、是無礙的，那就可以說這個人行深般若波羅蜜做得非常好。

「千萬不要接受這個身體，這身體是假的，如果你認為身體真的存在，那你永遠沒有辦法行深般若波羅蜜；如果你沒有辦法接受這現象是空的，那你永遠沒有辦法行深般若波羅蜜，安住在這個完美的空性裡。當你安住在完美的空性，你就可以修習行深般若波羅蜜。這樣瞭解嗎？」

楊：「我想我大概瞭解。因為在經文上是這樣說的：觀自在菩薩入慧光三昧，藉由三昧力之助，而行深波若波羅蜜多。這段話跟剛剛無無禪師講的是一致的，所以就越來越了解所謂的入慧光三昧的過程大概就是這個樣子！」

禪師（用英文說）：「Thank you very much！」（大眾笑）

接著是另一位坐在第一排，聽得津津有味的男眾提問。

問：「禪師提到的無名相、二分法，能不能針對二分法，說明一下是什麼？」

禪師：「如果你認為你跟這個世界是分開的，這就是二分法，你跟別人是分開的，這就是二分法。」

往內觀大慈悲的光，在你身內它永遠都在發光。
◎照片提供／鄭鈞鴻

問：「是指分別心嗎？」

禪師：「分別心指的是我存在、你存在，我們都存在，這就叫做分別心。所有的分別心，都從我存在這個點開始。如果我有一個想法是：別人跟我是不一樣的，那就叫分別心。如果現象不存在就只剩下空，這時候我們不需要分別心。如果我們在比較之下，那這時候我們就在分別了。這裡是沒有分別心的，在般若智即使要分別也不要被分別欺騙了。完美的空性，其實是大慈悲心的光，佛陀是大慈悲的光，完美的空跟大慈悲的光是一樣的，般若智的另外一邊就是大慈悲心，剛剛講的『慧光三昧』意思是觀世音菩薩都在大慈悲光裡，完美的空性、般若智就是指慧光三昧，就是往內觀大慈悲的光，在你身內它永遠都在發光。如果你觀察自己觀察得好的話，你的六根，其實每一根都會發現它在發光，觀自在菩薩最後的終點就是為了慧光三昧跟大慈悲，慧光三昧就等於是般若智的意思，瞭解嗎？」

是司機還是車子需要油？

一位看起來非常有智慧的女居士，提出了下面的問題。

女：「禪師，阿彌陀佛！請問禪師，因為沒有證悟空性，所以常常都會忘記這個世界是如夢如幻的，於是我們就會在自己的習氣，或是愛恨情仇當中受苦困擾。在沒有證悟空性之前，我們能夠怎麼樣修習知道這個世界不是真實的，以致於不會受這些人我關係所困擾？」

禪師：「凡所有相都是虛幻，若見諸相非相，即見如來，你知道這個意思嗎？」

女：「知道啊，常常會忘記。」

禪師：「為什麼你常常會忘記，是因為我們的意識不夠清明，還有我們對佛陀的信心不夠強，所以我們最大的障礙就是我們的不好的習慣。遠離顛倒夢想，所以我們認錯誤的想法為正確的想法。

「我們其實不需要食物也可以活，但是我們認為一定要食物才可以活。當我們開車的時候是車子需要油，司機不需要油，我們會認為車就是我。如果你一直認為這是我、這是我，那當你遠離這樣的思想時，這個時候你是誰？

「你靠吃東西來維持這個身體，如果你把所有外面給你的東西通通都丟回去，剩下的是什麼？

「你現在就可以得到自由！如果你知道所有的東西跟你是一樣的，那你現在就可以得到自由！你就是圓滿、完全、通、沒有問題的，你把這些外來的東西都丟掉，你就自由了。

「不要被這個物質世界捆綁住了，你要想『空』就是你，為什麼『無礙』、『通』是你呢？為什麼那是你？生死都不是你，廣大無邊才是你！你永遠都這樣想自己是這樣的，這時候你就很容易得到自由。

「千萬不要認為身體是你。魔術師在創造舞台的時候，會製造一些幻象，這時候我們知道那是假的。但是現在我們卻執著在魔術師所製造的幻象，我們必須找出來誰是身體的雕塑師，創造身體的這個藝術家是無相、是無名的，但是我們卻認為這個身體是存在的。你只要把這個執著放下，你就得到自由了，這並不是說要把你的身體丟掉，你只要知道這個道理，然後好好地去運用它，千萬不要被『身體是你』這件事欺騙了。

「我們一開始就是『無量壽、無量光、南無阿彌陀佛』，因為無知無明，我們沒辦法開悟，我們是廣大無邊，沒有任何障礙的，『遠離顛倒夢想究竟涅槃』，假若現在離開顛倒夢想，現在就是進入涅槃的境界。

「『即心即佛，即心是佛』，如果你不相信即心即佛、即心是佛，那你就必須修行；如果你對我剛才說的話還有一些疑惑，那麼就是依照佛陀的教誨一直修行，然後再不停的檢查『即心即佛』這些話對不對，到那個時候你就知道了，就會成為一位偉大的人。

你創造出這個因緣，你接受這個因緣，你要跟佛陀結很好的因緣。
◎照片提供／鄭鈞鴻

「你現在就可以得到偉大的自由，只有一個很重要的思想，千萬不要接受『這個現象是真的』，那些都是假的，都是因緣造成的，你創造這個因緣，你接受這個因緣，你要跟佛陀結很好的因緣。所以從現在開始，我們就是跟佛陀結好因緣，那你自然就會成佛。有兩種因緣，一個是負向的，一個是正向的。如果是選擇無知無明的因緣，你就變眾生了；選擇了智慧的因緣，你就會成佛。

「第一個重要的因緣就是皈依三寶，接著是發菩提心，發菩提心會滋養皈依三寶的種子，而利益眾生是這棵樹的果實，就請你這樣子的過日子就可以了。

「但是要記得還是要吃素，蔥蒜不能吃。不殺生、守五戒。最好是不要吃雞蛋。現在的蛋奶都不太好，對你的健康真的無益，因為雞現在都吃一些不太好的食物，又有一些基因改造的飼料，所以雞蛋是不好的。因為雞跟牛都會吃基因改造的飼料，所以不要吃這些雞與肉。很多喝牛奶的人其骨骼反而是疏鬆的，如果要有健康的骨骼，就不要喝牛奶。當我們在買東西時要看一下標籤是否為基因改造的食品，要確定沒有。其實我們都是那些大型食品製造公司的奴隸，所以我們千萬不要被這些大製造公司騙了，我們要有智慧地選擇，如果意識清明的話，其實很容易存活的，你只要成為素食者，一年就能夠拯救很多的眾生。」

聽完禪師的開示，清楚的知道為何我們不能進入空性，是因為我們的信心不夠堅強，意識也不夠清明。如何調整與修行自己的身與心，就看我們是否把握住禪師的因緣了。

井底之蛙

這天是二〇一七年在台北的第一天開示，開示的地點在「梁實秋故居」，禪師不肯讓我們接送，自己坐計程車來到會場。這位開悟的師父，行事作風的確跟一般師父很不一樣。

禪師前天才從韓國飛來台灣，旅館、機票、交通全部都由他一手包辦，完全不讓我們插手，連開示的行程都是自己安排的。昨天是到台灣的第一天，他們風塵僕僕的飛往花蓮，替花蓮的志工們開示解惑。師父在韓國沒訂到台北往花蓮的火車票，也不願讓在台灣的弟子們代勞，早早便從韓國訂了台北飛花蓮最早班及最晚班的來回班機。花蓮連日的大雨，加上清早出門、深夜才歸的奔波，讓師父們來台的第一天便有些疲憊。

看到禪師與法師們氣色有些疲倦，我的心裡有些自責，如果我依照禪師當初的安排，十三號先在台北開示，十四號再去花蓮，這樣法師們其實比較不辛苦，但是十三號那天，我自己及好幾位想來聽法的朋友都無法出席。因此委屈了法師們，真讓人心有不捨。

法會一開始，禪師先問：「有沒有人今天是第一次來的？」

幾位會眾舉起手來。

禪師：「謝謝大家來到這裡，這是很珍貴的因緣。禮拜六我在花蓮教導，在花蓮開始教導之前，我想要拿火車的車票，可是我買不到火車車票，只好坐飛機。禮拜六時，花蓮下起很大的雨，我從新聞聽到因為下大雨的關係，火車停駛。所以有時候坐飛機比坐火車來得好。

「就像我剛剛舉的這個例子，有困難的時候反而變成是好事情，所以當你遇到困難的時候，其實只要轉一個念頭，就變得更快樂。我們現在在這個受苦的大海之中，必須經歷很多的苦難、苦惱，雖然我們在受苦，但我們也可以改變情境，可以成佛。希望今天藉著這機會，能夠把大家的無知無明變成大智慧，當要轉成大智慧第一步，就是要有一顆真實的心，如果你的心用得好，你就可以過得很好，如果你要了脫生死的話，一定要服從佛陀的教誨，這個世界是假的，它是夢境一場。我們這麼長的一段時間都在做夢當中，因為我們夢了那麼久，所以搞不清楚什麼時候是醒的，什麼時候是在做夢？今天就是醒來的時候了，如果你現在還不醒來，那你就無法了脫生死。

「在下一世，千萬不要認為你還可以得到人身，時間愈長久，人的覺知會愈來愈下降，所以當你再去投胎的時候，其實你的覺知已經在往下降了。所以我們必須要有佛陀的心，佛陀有最偉大的心，我們必須要從生、老、病、死解脫出來，我們要找到永恆的快樂和自由，不要一直執著在做夢的狀態。所以我們要注意的就是：我們現在的存在是一個幻想、一個幻境，當你有這個覺察的時候，再把你的角色扮演好，你真正想要達到這樣的境界（佛的境界），就可以得到。

「唯一的原因讓我們不能成佛、讓我們不能夠證悟的，是因為我們不想要。

「在座的各位，是不是還有人很喜歡現在這個世界，請舉手（幾位舉起手來），所以，假設阿彌陀佛現在就來了，然後跟各位說：讓我們一起去西方極樂世界！可是在座的各位都說：不要。

「因為我們沒有覺察，不知道這個世界是有很多煩惱的，這不是一個真實世界，但各位都認為是真實的，你們都是偉大的佛陀，不要再做眾生的夢，你們做眾生夢已經太久了！跟其他的淨土世界來比，我們這個世界是非常低階的，不要成為井底之蛙！請有偉大的心，你們每個人都可以成佛，只是你們沒有決定要成佛！你們雖然都有能力成佛，可是你們卻不下這個決定！所以現在請各位提問，我希望可以幫助你們解決你們的問題。」

在我們問問題之前，禪師想先帶領我們「皈依三寶」，禪師也說明他會用韓文說。

禪師：「如果受了師父皈依三寶的戒，我們一定不會去三惡道，將來一定可以成佛！皈依三寶是佛陀八萬四千法門裡頭最重要與最基礎的一個法門。所以當我們往生的時候，如果地獄裡的閻羅王來找我們，我們只要說『我已經受到無無禪師的皈依三寶的戒』，他就不會讓你們下地獄了。我可以教這個皈依三寶戒，是因為佛陀給我的力量！如果你們用韓文跟師父說皈依三寶ok嗎？」（眾人答ok）

禪師：「很抱歉！韓文的皈依三寶比較長。為什麼我希望用韓文來皈依三寶，是因為我希望分享我的心，這樣比較能夠跟大家連結。韓文跟印度的梵文聲音是比較接近的，當我用韓文的聲音說，可以讓大家比較容易覺醒！」

（大眾跟著師父一起用韓文念完皈依三寶）

接著請Joyce用中文帶領大家念一遍皈依三寶：「我皈依佛，我皈依法，我皈依僧，我願意遵循佛陀的教誨，生生世世饒益眾生！」

念完皈依三寶，心靈馬上感受到清淨的能量，禪師的願力真是不可思議！非常感恩禪師雖然疲累，但仍然不捨帶領我們這一群愛做夢的凡夫成佛。但願井底之蛙的我們，能夠快點覺醒，大家都能夠立願成佛！

我是笨蛋

下了幾天雨的台北，終於露出了陽光，在地下室小小的空間裡，充滿了寧靜與平和的氣息。一位坐在第一排的中年居士，提出了他早已準備好的第一個問題。

居士：「請問禪師，佛法裡面說人生有八苦，我對一種苦一直都沒辦法解脫，對我來說最困難的就是『愛別離苦』，總覺得一直在這個地獄裡面輪迴，在愛別離的這一個關卡，一直都找不到可以用功的方法。請問禪師可不可以教我用功的方法？」

禪師：「你要先知道造成這個苦的原因是什麼？那個原因其實是從你自己開始的。第一件事情你要了解的是——你不存在，你不是真的。而你的迷惑是——你認為你存在，你執著在那個不是真實的你。你不存在，但是你認為你是存在的，所以你就會有執著，就會開始受苦！你聽過四大五蘊嗎？你認為四大五蘊都是你自己。」

居士：「四大是地、水、火、風，五蘊是色、受、想、行、識嗎？」

禪師：「是的。你認為這些是你，所以你就執著在四大五蘊裡頭，如果身體不是你，空性才是你，那你還會受苦嗎？如果你不是物質，你就是這個空，廣大無邊的空，你會受苦嗎？所有的苦痛是來自於你認為身體就是你，第一件你要了解的是『我相』不存在，沒有一個真實的具體的自己，那我到底是誰？我不存在，我是一個幻想，因為因緣，才會存在。

「原來我們是無形、無體的，因為因緣，才開始有了具體的形象。所以身體不是真實的。若你認為身體就是你，就會一直在受苦中。你的身體不存在，但你卻一直執著於這個身體，就會不斷產生苦。

「不要把非實境想成是實境，千萬不要執著於『我相』，請深刻的思維什麼是『無我』？生、老、病、死，是因執著而生，而對生、老、病、死的執著，其實是為了那個不存在的我。

「過去心不可得，現在心不可得，未來心不可得，心一直在變化中，所以我們其實沒有辦法執著或抓住任何東西。如果當下看的話，沒有一樣東西是存在的，無名無相絕一切，如果無名又無相，那你是誰？」

居士：「我活了一輩子到現在五十幾年了，一直在問我是誰，還沒有問出我到底是誰？」

禪師：「現在請你看你是誰，無名無相，那你是誰？」

居士：「我什麼都不是。」

禪師：「如果你什麼都不是，你怎麼能說話呢？雖然你很深刻的思索，但還是沒有答案！其實你只要直接去了解它就好了。如果你什麼都不是的話，那你是什麼？你找到了什麼？『什麼都不是』確實是不存在的，因為這個無知無明的因緣讓我們存在，可是它是一個幻想。」

禪師：「你是真的還是假的？」

居士：「不真也不假。」

禪師：「為什麼你不是假的？」

居士：「因為我現在，在這個當下，我確實存在，這個就是我啊！但是無常發生時，我就不存在。所以我覺得很迷惑的就是，如果有的話那就有嘛，沒有就沒有，但是有時候就覺得有，有時候又沒有！」

禪師：「你是笨蛋！假設你現在在做夢，夢裡有一堆黃金，然後你去摸黃金，說：哇！這黃金好棒喔！那當你醒過來之後，那個黃金還在嗎？」

居士：「不在。」

禪師：「所以即使你在夢中碰到那麼好的黃金，你醒過來，它不存在。你以為色、受、想、行、識是自己，其實那不是你，你現在可以了解你不是這些嗎？在夢中我們雖然感受到一些痛苦，可是事實上你知道它是假的，那就像你現在，你可以知道它是假的嗎？

「所以如果在夢中，這個人看到了黃金，醒來以後，他還說那黃金是我的，那你覺得這個人怎麼樣？」

居士：「是笨蛋。」

禪師：「我們現在在做無知無明的夢，除非我們醒過來，否則我們不知道那不是真的。所以佛陀其實很可憐我們，我們都活在夢中，祂也會覺得為什麼我們都要留在夢裡？但是大家都不相信佛陀的教誨，沒有人去聽佛陀的話。我們都在夢中，事實上在座的各位都覺得我們並不在夢中，是在現實中。我覺得非常的傷心！

「當大師來了，告訴各位：這些都是假的，都不是真實的，如果在那個當下你們馬上覺悟，開始知道現在這些都不是真實的、是假的，那你就會成為一個很棒的眾生。你如果一直堅持這是真實的，那就會永遠在這個夢中，永遠沒辦法了脫生死。

「佛陀教了八萬四千法門，其實就是讓我們從這個夢中覺醒。大家若真的想了脫生死，請你們聽佛陀的教誨；如果各位想持續的受苦，那就繼續留在夢中。我看到有一些人想要醒過來了，你想不想醒來？」

居士：「我想啊！」

禪師：「那就不用問問題了！如果你想要『愛』更多，想要更享樂，那其實你並沒有想要醒來！你嘴巴說『不要！不要！不要！』，但你心裡說『要！要！要！』」

居士：「都一直在拉扯。」

禪師：「不要把這當成是事實。大家是不是都讀過《金剛經》？」

居士：「『凡所有相，皆是虛妄，若見諸相非相，即見如來』，『一切有為法，如夢幻泡影。』」

禪師：「《金剛經》背那麼熟有什麼用？」

居士：「我也知道斷、捨、離，但就是斷不了、捨不了、離不了，所以才會苦。知道但是做不到，不是真正醒來。我也知道人生如夢，或是陳淑樺的〈夢醒時分〉。我也希望能夠有夢醒時分，但知道，又……，我沒辦法脫離。哪怕一隻狗，我養了一隻狗往生的話，我就可以傷心很長一段時間！」

禪師：「『凡所有相，皆是虛妄，若見諸相非相，即見如來』。如果你

你們是做眾生夢的佛，如果你不再做眾生夢，你現在就是佛！
◎照片提供／無事三姐妹

真的知道這些都是假的，那你就是佛了，可是你不想成佛。」

居士：「這又衍生一個問題了，因為我並不相信西方極樂世界的存在。」

禪師：「那你相不相信師父的話？」

居士：「相信啊！」

禪師：「當佛陀開悟的時候，祂覺醒了以後，有了第一個教導。佛陀說的第一件事是，你們每一個人都是佛，但你們是做夢的佛。你是在做眾生夢的佛，如果你不再做眾生夢，你現在就是佛！如果佛陀這樣說，而祂的信眾跟祂說：我不相信祢！當我們往內看的時候，心裡充滿了許多的煩惱、妄想，所以沒辦法接受自己是佛。佛陀已經告訴我們：你現在就很完整了。佛陀教我們的事實是完全圓滿俱足、廣大無邊、不可思議、本自清淨、本無動搖、本不生滅、本自俱足、能生萬法、無礙、通、無量壽、無量光。

「你就是這樣的人，所以當聽到佛陀這樣教誨的時候，眾生還是會說：啊！我現在心還是有很多的煩惱在，我不能成佛，我要繼續修行才行！

「所以眾生還一直強調『我不夠完整，我不夠完美，現在還有很多雜念，我現在還要繼續修行才可以成佛！』當眾生強調他必須要修行時，那佛陀只好說『好、好、好，那我給你一些藥吃。』

「其實一開始佛陀就教我們正確的道路，亦即——當下你就是佛，可是因為我們不接受，一直說自己還不行、還要修行，所以佛陀只好給我們藥。

「那你們願不願意吃這顆藥呢？那你現在願不願意聽我的話？因為我說你是佛，可是你卻不相信，我現在只好給你藥吃！

「受苦是因為執著，所以如果你真的想得到快樂跟自由的話，請你現在仔細聽我的話。我說了什麼你不一定要相信，但是你要相信佛陀的教誨。其實每位大師給的都是佛陀的教誨，要有大信心遵循佛陀的教誨。我給你們的藥是：在任何時間任何地點，請你們往內看自己的心。當你們常常往內看的時候，會找到自己的錯誤在那裡，不要接受外面的這些假象。

「在外界的現象都是假的、不是真的。

「請不要執著，當任何執著發生的時候，請你往內看那個執著，當你不斷往內看你的心的時候，就會比較容易找到自己的錯，當你不斷觀察自己心的時候，其實會得到自由。

「不要跟你的負面行為談判，永遠去發展正向的、好的心；不好的、壞的行為要馬上停止。

「我們一直在受苦，逃脫不了，就是因為這些負面的行為。

「如果我們走在一條正確的道路上，所有的問題都會解決，就會永遠的、非常的快樂！這些錯誤的執著，會讓你永遠沒有辦法了脫生死。如果想離苦，必須停止這些負面的行為及這些錯誤的生活方式。

「你剛剛提問要如何逃離這個苦？我現在給了你答案了，《金剛經》和《心經》也有同樣的答案。

「當我們說往內看自己的時候，其實就是觀自在菩薩，觀自在菩薩的意思就是你往內長期的觀察自己，自然就是觀自在菩薩。

「現在你就可以成為觀自在菩薩！

「觀的意思是要觀察自己的心，觀察很長的時間。行深般若波羅蜜多時，如果你修練行深般若波羅蜜很長的時間，你自然知道五蘊是空的。

「你可以背《心經》嗎?能背下來很好，如果你不修行《心經》的教導，背誦是沒有用的!你可以背一下《心經》給大家聽嗎?

居士:「《般若波羅蜜多心經》:觀自在菩薩，行深般若波羅蜜多時，照見五蘊皆空，渡一切苦厄……。」

禪師:「停，你剛剛說什麼?」

居士:「渡一切苦厄。」

禪師:「那為什麼你沒辦法逃脫苦?剛才你念了這麼短的兩句話，其實已經有所有的答案。但是你沒有深思其中到底是什麼意思?所有修行的精髓就在觀自在，請你一定要成為觀自在菩薩。

「《心經》的核心在於，你必須觀心，才能得到自由。如果你經常在修練這個，那你就會知道五蘊皆空，渡一切苦厄。」

居士:「所以我《心經》背了很久，但是現在才開始進入《心經》的世界。」

禪師:「謝謝你。不要靠外界的東西，也不要相信師父，要相信佛陀的教誨。

「每個大師只是把佛陀的教誨帶來給你，他們只教你佛陀的教誨，沒有別的，所以你們只要遵循佛陀的教誨。

「雖然這本經很小，但所有的真理都在這裡面，請你有正確的思維，你現在應該就能看到『如來』了！你要有自信，你就是如來！你為什麼不想成佛？我知道那是因為你的執著，所以你不想成佛！」

居士：「還在找那個點，就是我說的西方極樂世界。其實想想，西方極樂世界好像跟成佛沒什麼關係！」

禪師：「佛陀教誨的精髓就在西方極樂世界。」

居士：「我之所以不會嚮往西方極樂世界，是因為看到《阿彌陀經》，經中所描述的西方極樂世界是『硨磲、瑪瑙而嚴飾之，又有鸚鵡、共命之鳥……。』等等，可是我就比較喜歡禪密一點的，比較喜歡日本京都的那種佛寺。經裡面描述的那些硨磲、瑪瑙，都不是我想要的啊，所以我一直有所保留，不想成佛，因為不想去西方極樂世界。經文裡為什麼叫我去一個我不喜歡的地方？」

禪師：「請仔細地聽我說，台北最流行的一條街是哪一條街？」

居士：「忠孝東路。」

禪師：「為什麼？」

居士：「因為引領時尚。」

禪師：「所以當外國人來台灣台北的時候，你會帶他去哪裡看？」

居士：「會去信義計畫區，忠孝東路……。」

禪師：「為什麼呢？」

居士：「因為那個地方是大家認為最美好的地方。」

禪師：「佛陀有很多的淨土，但是這麼多的淨土，祂選擇示現西方淨土給我們，是因為真理不容易教導，所以他讓我們看西方極樂世界的樣子。

「請仔細地聽我說：如果螞蟻在這裡，然後我跟這個螞蟻說『台北市這樣美、這樣棒……，你要不要去台北？』佛陀因為要把西方極樂世界介紹給我們，可是這很不容易介紹，不像我們跟螞蟻說『我帶你去台北』這麼簡單。那為什麼佛陀還要介紹西方極樂世界給我們呢？是因為祂的大慈大悲。讓螞蟻去想像人類的世界已經是很困難了，可是佛陀介紹西方極樂世界給我們，相較於螞蟻的想像還要更難。

「如果你覺得佛陀的教誨好像是亂說的，那真的是很愚蠢。小乘跟大乘的區別，小乘會說這是錯的、那是對的，可是大乘就是相信佛陀的教誨往前走，因為佛陀是不會說謊的，佛經從來不說謊，如果你毀謗佛經的話，那是很大的業力。如果你說大乘佛菩薩所言根本就不是真的、是亂說的，那會讓你下地獄。

「比較沒有智慧的人，會說『這都是不對的，這講的不是真的。』可是真正有智慧的人，就是會相信，往前走！要螞蟻去想像人的世界很難，但是我們人要想像西方極樂世界更難。我們現在很幸運可以聽到、可以了解佛陀的教誨。等到黑暗的世界到來的時候，我們就無法如此幸運。

「我們的生命其實是永恆的，我們是永恆光的存在，佛陀就是要來教我們這件事，但是我們都不相信。為什麼我們不相信？因為佛陀教了八萬四千法門。所以當佛陀給了我們最高的教導時，我們都不相信，祂只好走下樓梯，

請你往內觀，觀自己的心智，要觀自身自在，不要再執著於這個世界。
◎照片提供／鄭鈞鴻

教那些其他的法門，結果大家都說『哇！這些好棒！』

「請你往內觀，觀自己的心，要觀自身自在，不要再執著於這個世界，往內看，看你到底還有那些執著在？我們都很想長壽，但有一天我們這個身體會毀壞，在我們變得很老以前，請你每天都要修行，永遠都做觀自在菩薩。我們沒有很多時間，明年我還想再見到你，當那個時候見到你，我希望你那時已經了解五蘊皆空、無名無相、沒有真實、無我。如果你了解這個無我，以後我可以教你更多，這樣你就可以從空裡存活。你可以答應我嗎？」

居士：「好。」

禪師：「ok！現在，我還有一件事要教你，要吃素，不能吃五辛，也不准喝酒。你現在是不是很後悔來這裡？」（眾人笑）

居士：「我開牛排館的。」

禪師：「大問題，現在請把它關了吧！」

居士：「那已經過去了，已經關了。」

禪師：「謝謝！做得很好！」

居士：「已經結束快六年了。」

禪師：「很好很好，念每日祈禱文，每天早晚各念一次。

至心　皈依佛法僧三寶，

誠心　懺悔往昔因無知無明所造諸惡業，

今後　謹遵從佛陀的教誨，

以　般若智慧與慈悲方便，

增長菩提心，生生世世常行菩薩道。

懺悔真言：Om Saba Mocha Moji Sadaya Sabaha（三遍）

發菩提心真言：Om Budi Chita Wuten Bada Yami（三遍）

願以此功德，普及於一切，

我等與眾生，當生極樂國，

同見無量壽，皆共成佛道。

「西方極樂世界是一個最美麗的世界，是我們無法想像的。第一，那是不會墮入三惡道的，那邊也沒有死亡。在西方極樂世界，你會擁有很多的快樂跟自由。我們把娑婆世界建立成這個樣子，可是阿彌陀佛建立了一個西方的極樂世界，請你發願要去西方極樂世界，因為到了那邊可以解決所有的問題，你要相信而且要修行，如果你有正命，而且你相信佛陀的教誨，你一定可以走上佛陀的路。改善所有負面行為，發展正向行為，要懺悔過去做的所有愚蠢的事情，放生是好的。這段教誨大家都了解嗎？（眾人答了解）

「ok，因為你今天問了這問題，你的功德是很大的，所以大家請謝謝這位師兄！請跟著我念——無量壽　無量光　南無阿彌陀佛　觀世音菩薩　大勢至菩薩　嗡嘛呢叭咩吽」

感恩這位居士與禪師真實的對談，讓我們學到了很多。也祝福這位居士在明年禪師來的時候找到了自己的空性，放下對「愛別離」之苦的執著。

一大事因緣

今天是禪師開示的第二天，翻譯的其豪師兄提出了第一個問題：「修行是應該隨緣自在，還是應該有所為、有所不為？」

禪師：「人生有很多的因緣，剛剛唱頌的每日祈禱文（註），也是因緣。世間有兩種因緣，一種是無知無明的因緣。整個現象界，因為我們的不了解，就製造了無知無明的因緣，就會執著一些不存在的東西，產生無明，這就帶來很多的無奈，所有眾生都活在這樣的無知無明裡，這個因緣就會帶來無盡的生死苦痛，這樣無知無明的因緣，讓我們無法從生死得到解脫，我們雖出現過很短暫的智慧，但很容易繼續往三惡道沉淪。佛陀來到世間就是要讓我們瞭解這一段無知無明的因緣，如果我們希望從生、老、病、死裡解脱，就要和佛陀結下因緣。我們必須製造可以讓自身了脱生死的因緣。我們要和開悟的眾生結下因緣，這就是佛經所説的一大事因緣，也是第二種因緣。

「春天時我們在土壤中種下種子，到了秋天就能收割豐碩的果實。你們已經有種子了，我只是幫大家把種子放到土壤中。就像剛剛大家所念誦的祈禱文，像這樣每日的祈禱，這種子會發芽成長，總有一天會開花結果。

「在世間，我們時時都在創造因緣；現在的我們，也是以前製造的因緣所成。我們接受了佛陀偉大的教導，這是佛陀來人間的一大事因緣。

「今天種下的種子，將會隨著時間而會收成，這是很自然的事情。我讚歎你們，你們未來都將成佛，未來佛、偉大的佛。不要忘記這句話。不要忘記這一大事因緣。」

M：「我們知道禪師剛剛講解的道理，但遇到事情，仍會跟隨自己的習慣或是想法，我們應如何加強對於菩薩的信念，與對於這樣信念的堅持？」

這「一大事因緣」的種子會成長發芽，總有一天會開花結果。◎照片提供／鄭鈞鴻

禪師：「做兩件事可以加強信心：第一就是皈依三寶，第二就是念誦每日祈禱文。

「偉大的菩薩——地藏王菩薩、觀世音菩薩都可以幫助我們成佛。大菩薩們有這種的能力，可以幫忙眾生開悟成佛，然而凡夫總是瞬知瞬忘。

「曾經有這樣的一段故事。有一個人知道如果稱誦諸佛菩薩的名號，即可往生西方淨土，這個人往生後到地獄門口，就一直呼喊地藏王菩薩名號。在地獄門口，地藏王菩薩現身，對他說：『由於你稱誦我的名號，心中有正念，我會讓你從地獄中解脫。』此人因為這個因緣再得人身，但是他習性不改，又再次回到地獄。

「當他回到地獄，又想起要稱誦地藏王菩薩的名號，於是地藏王菩薩再次現身說道：『此時，你有正念，也稱誦我的名號，我將協助你脫離三惡道。』這樣的輪迴循環反覆多次後，他想著：這樣很好，不管我做什麼，只要稱誦地藏王菩薩的名號就沒問題。

「這一次，這個人又到地獄門前，再次稱誦地藏王菩薩聖號，此時，地藏王菩薩現前，流著眼淚說：『這次你的心念不正，我無法協助你脱離惡道。』如果這個人有善心，稱誦地藏王菩薩名號可以逃離三惡道，但是因為他心裡充滿負面思想，所以這次無法解脱。

「眾生們總是容易遺忘，我們的心念隨時變化，早上的心念和下午的心念就不同。在幾分鐘前，我們記得一大事因緣；幾個小時後，我們又回到眾生的因緣。

「每一位在座的菩薩都比我聰明，至少英文説得比我好（大眾笑）。不過我有一點是很有優勢的——我抛下無知無明的習性，我有決心走向一大事因緣。

「我們必須儘快地抛棄這些不好的習性，無知無明、負面的習性。所有的習性是從食物開始（對食物的欲望），第一個就要放棄負面的飲食習慣，要吃素食，這樣我們就種下了一大事因緣的種子。我們要照顧它，讓它長大，種子需要陽光、空氣、水的滋養，但我們有太多的三毒心（貪、嗔、痴），這些心會使一大事因緣的種子難以成長。

「M，你有很多很棒的能力，但有一個負面的食物習性（M愛吃冰），你丟掉這負面的習性，種子會開花結果，M是有能力獲得佛陀給予的這朵花的。所以為了能夠逃離生老病死，大家一定要拋掉負面的習性。

「其實我們腦中都知道如何成佛，但問題是我們無法改變自己的習氣，如要脫離生死，必須要培養好的習慣。」

聽完師父的開示，大家都很珍惜與師父的「一大事因緣」，師父風塵僕僕的從韓國來到台灣，就是要讓大家了解如何了脫生死，幫助我們從無知無明裡解脫出來。但願我們都能細心呵護師父幫我們種下的種子，讓它發芽茁壯，早日走上成佛的道路，結好這「一大事因緣」。

（註） 每日祈禱文：至心皈依佛法僧三寶，誠心懺悔往昔因無知無明所造諸惡業，今後謹尊從佛陀的教誨，以般若智慧與慈悲方便，增長菩提心，生生世世行菩薩道。

懺悔真言 **om-saba-mo-cha-moji-sadaya-sabaha**（三次）

發菩提心真言 **om-budi-chita-wuten-bada-yami**（三次）

願以此功德，普及於一切，

我等與眾生，當生極樂國，

同見無量壽，皆共成佛道。

眾生系列 JP0136

一大事因緣

韓國頂峰無無禪師的不二慈悲與智慧開示（特別收錄禪師台灣行腳對談）

作　　者／頂峰無無禪師、天真法師、玄玄法師
譯　　者／梅家仁
責任編輯／徐煖宜
業　　務／顏宏紋

總 編 輯／張嘉芳
出　　版／橡樹林文化
城邦文化事業股份有限公司
104 台北市民生東路二段 141 號 5 樓
電話：(02)2500-7696　傳真：(02)2500-1951
協力出版／達真人本關懷協會
發　　行／英屬蓋曼群島商家庭傳媒股份有限公司城邦分公司
104 台北市中山區民生東路二段 141 號 5 樓
客服服務專線：(02)25007718；25001991
24 小時傳真專線：(02)25001990；25001991
服務時間：週一至週五上午 09:30 ～ 12:00；下午 13:30 ～ 17:00
劃撥帳號：19863813　戶名：書虫股份有限公司
讀者服務信箱：service@readingclub.com.tw
香港發行所／城邦（香港）出版集團有限公司
香港九龍九龍城土瓜灣道 86 號順聯工業大廈 6 樓 A 室
電話：(852)25086231 傳真：(852)25789337
Email: hkcite@biznetvigator.com
馬新發行所／城邦（馬新）出版集團【Cité (M) Sdn.Bhd. (458372 U)】
41, Jalan Radin Anum, Bandar Baru Sri Petaling,
57000 Kuala Lumpur, Malaysia.
電話：(603) 90578822　傳真：(603) 90576622
Email：cite@cite.com.my

內頁版型／兩棵酸梅
封面設計／兩棵酸梅
印　　刷／韋懋實業有限公司
初版一刷／ 2018 年 1 月
初版四刷／ 2024 年 2 月
I S B N ／ 978-986-5613-63-1
定　　價／ 380 元

國家圖書館出版品預行編目(CIP)資料

一大事因緣：韓國頂峰無無禪師的不二慈悲與智慧開示（特別收錄禪師台灣行腳對談）／頂峰無無禪師，天真法師，玄玄法師作. -- 初版. -- 臺北市：橡樹林文化，城邦文化出版：家庭傳媒城邦分公司發行，2018.01

面；　公分. --（眾生系列：JP0136）

ISBN 978-986-5613-63-1（平裝）

1. 佛教修持 2. 佛教說法

225.87　　106024465

廣　告　回　函
北區郵政管理局登記證
北 台 字 第 10158 號
郵資已付　免貼郵票

104 台北市中山區民生東路二段 141 號 5 樓

城邦文化事業股分有限公司
橡樹林出版事業部　收

請沿虛線剪下對折裝訂寄回，謝謝！

|橡|樹|林|

一大事因緣：韓國頂峰無無禪師的不二慈悲與智慧開示（特別收錄禪師台灣行腳對談）
書號：JP0136

橡樹林文化

讀者回函卡

感謝您對橡樹林出版社之支持，請將您的建議提供給我們參考與改進；請別忘了給我們一些鼓勵，我們會更加努力，出版好書與您結緣。

姓名：＿＿＿＿＿＿＿＿＿＿ □女 □男 生日：西元＿＿＿＿＿年

Email：＿＿＿＿＿＿＿＿＿＿＿＿＿＿＿＿＿＿＿＿

● 您從何處知道此書？

□書店 □書訊 □書評 □報紙 □廣播 □網路 □廣告 DM □親友介紹

□橡樹林電子報 □其他＿＿＿＿＿＿

● 您以何種方式購買本書？

□誠品書店 □誠品網路書店 □金石堂書店 □金石堂網路書店

□博客來網路書店 □其他＿＿＿＿＿＿

● 您希望我們未來出版哪一種主題的書？（可複選）

□佛法生活應用 □教理 □實修法門介紹 □大師開示 □大師傳紀

□佛教圖解百科 □其他＿＿＿＿＿＿

● 您對本書的建議：

＿＿＿＿＿＿＿＿＿＿＿＿＿＿＿＿＿＿＿＿

＿＿＿＿＿＿＿＿＿＿＿＿＿＿＿＿＿＿＿＿

＿＿＿＿＿＿＿＿＿＿＿＿＿＿＿＿＿＿＿＿

＿＿＿＿＿＿＿＿＿＿＿＿＿＿＿＿＿＿＿＿

＿＿＿＿＿＿＿＿＿＿＿＿＿＿＿＿＿＿＿＿

我已經完全瞭解左述內容，並同意本人資料依上述範圍內使用。

＿＿＿＿＿＿＿＿＿＿＿＿（簽名）

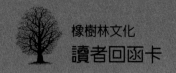